solo para Hombres

El libro para hombres que ninguna mujer debe dejar de leer

Para mi Esposo

"Con Todo mi Amor solo quiero decirte que estoy muy orgullosa de Ti. Sigue adelante yo Se que con la ayuda de Dios ganaras la buena batalla. Dios te Bendiga y Tenga misericordia de Ti Todos los dias de tu vida.

"Te Ama por Siempre Tu Costillita. Carmen.

El Siervo de Jeová

He aqui mi Siervo, yo le sostendre mi escogido, en quien mi alma tiene contentamiento; he puesto sobre el mi espiritu; el traera Justicia a las naciones.

Asi dice Jeova Creador de lo Cielos y el que los despliega; el que extiende la tierra y sus productos; el que da aliento al pueblo que mora sobre ella, y espiritu a los que por ella andan.

Yo Jeova te he llamado en Justica y te sostendre por la mano; te guardare y te pondre por pacto al pueblo, por luz de las naciones, para que abras los ojos de los ciegos para que saques de la carcel a los presos y de casas de prision a los que moran en tinieblas.

Yo Jeova; este es mi nombre; y a otro no dare mi gloria, ni mi alavanza a esculturas. He aqui se cumplieron las cosas primeras y yo anuncio cosas nuevas; antes que salgan a la luz, yo os las haré notorias.

Isaias 42

solo para Hombres

El libro para hombres que ninguna mujer debe dejar de leer

Amber Nogueras

Portavoz

La misión de Editorial Portavoz consiste en proporcionar productos de calidad —con integridad y excelencia—, desde una perspectiva bíblica y confiable, que animen a las personas en su vida espiritual y servicio cristiano.

Solo para hombres, © 2003 por Amber Nogueras y publicado por Editorial Portavoz, filial de Kregel Publications, Grand Rapids, Michigan 49501. Todos los derechos reservados.

Ninguna parte de esta publicación podrá reproducirse de cualquier forma sin permiso escrito previo de los editores, con la excepción de citas breves en revistas o reseñas.

A menos que se indique lo contrario, todas las citas bíblicas han sido tomadas de la versión Reina-Valera 1960, © Sociedades Bíblicas Unidas. Todos los derechos reservados.

EDITORIAL PORTAVOZ
P.O. Box 2607
Grand Rapids, Michigan 49501 USA

Visítenos en: www.portavoz.com

ISBN 0-8254-1541-1

1 2 3 4 5 edición / año 07 06 05 04 03

Impreso en los Estados Unidos
Printed in the United States

Contenido

Dedicatoria 6

Introducción 7

Capítulo 1
  ¿Cómo fui creado? 9

Capítulo 2
  ¿A quién le dio Dios las instrucciones? 33

Capítulo 3
  Hijo mío, Dios te dará señal de pacto 57

Capítulo 4
  ¡Olvídate de la lotería!
  No pongas tu confianza en los juegos de azar ... 81

Capítulo 5
  ¿Qué tipo de hijo eres? 99

Dedicatoria

Al Amado de mi alma, a Jesús. También a mis dos padres Luis Rogelio y a León, así como a mi único hermano "Wichy", Luis Rogelio Nogueras.

Quiero mencionar a mis tíos, el doctor Ángel Heberto Balmaseda, Julio Céspedes, Armando y Gerardo; a mis primos, Julito y Mario, y muy especialmente, por supuesto, a mi amado esposo Orlando, con enorme gratitud de corazón, por su amor y apoyo incondicional al ministerio que el Amado me dio.

No quiero dejar de mencionar a mis dos abuelos, Ángel Rodríguez Báez y Mario Nogueras, así también como a Tomasito.

En un lugar muy inconmovible en mi corazón a mis cuatro más preciosos tesoros, mis hijos: Nicolás, Christian Andrés, Mauricio y Ernesto.

A mi amigo Julio César, el único amigo que he mantenido desde mi infancia. También deseo mencionar a mis profesores y maestros, así como a los pastores que me han instruido y enseñado en la Santa Palabra de Dios durante todos estos años desde mi conversión en el año 1977.

En fin, dedico este libro a todos estos hombres que, de un modo u otro, han tenido una parte muy especial en mi vida.

Introducción

¿Por qué un libro titulado "Solo para hombres" está escrito por una mujer? Sencillamente porque sentí de parte de Dios la urgencia, la necesidad de explicar a los hombres de este precioso continente americano, las necesidades ocultas en los corazones de nuestras mujeres latinoamericanas. Las inquietudes hacia nuestra relación con el compañero, nuestro cónyuge, y poderlo hacer desde el más profundo sentir del alma de una mujer.

¿Quién mejor que una mujer puede explicar y así expresar la gran necesidad y anhelo que late en su corazón? Es mi deseo humildemente que la lectura de este libro sea de gran bendición para los hombres.

Pretendemos desde una perspectiva bíblica trazar los conceptos y temas prácticos con los cuales te puedas identificar, y los roles que Dios determinó, tanto para el varón, como para la mujer. Estas ideas son expresadas exclusivamente a través del conocimiento de la Santa Palabra de Dios, y bajo el sensible sentir y latir de un corazón femenino de este siglo.

Es mi más sincera intención edificar tu vida, animada por la experiencia que el Amado, por su gracia, nos permitió atesorar al viajar por todo este continente americano dando a la mujer hispana la Santa Palabra de Dios.

En el amor de Jesús, mi Rey y Señor,

Amber Nogueras

CAPÍTULO 1

¿Cómo fui creado?

Génesis 1:26

Entonces dijo Dios: Hagamos al hombre a nuestra imagen, conforme a nuestra semejanza; y señoree en los peces del mar, en las aves de los cielos, en las bestias, en toda la tierra, y en todo animal que se arrastra sobre la tierra.

"Hagamos al hombre a nuestra imagen." En este versículo el Dios Único ("Oye, Israel: Jehová nuestro Dios, Jehová uno es." Dt. 6:4), se pronuncia a sí mismo usando el plural en referencia a la creación del hombre. Esto provocó diferentes teorías, y la que pareciera tener mayor aceptación, es la que sugiere que Dios convocó una especie de junta directiva celestial para deliberar sobre los pormenores de la creación del ser humano, el hombre quien es su obra suprema, corona de la creación.

Durante la colosal labor de engendrar el universo, descrita detalladamente día por día en el primer capítulo del libro de Génesis, solamente la creación del ser humano, o sea del hombre, es la que está precedida por una solemne decisión divina.

Los que hemos tenido la bendición de experimentar la paternidad, podremos relacionarnos fácilmente con este sentimiento de gozo que precede al nacimiento de nuestro primer hijo. Quizás podrás recordar aquella expectativa del período de gestación, el cual inevitablemente precede al alumbramiento. Quizás hasta recuerdes cuando junto a tu esposa creaban para el bebé su pequeño gran universo. Entusiasmados planificaron al más mínimo detalle de la habitación, escogieron colores, muebles y hasta el motivo de la decoración. Todo parecía ser importante, las cortinas, la alfombra, en fin, todos los esfuerzos les parecían pocos con tal de asegurar al máximo el bienestar del bebé. ¿Lo puedes recordar?

Con esta imagen en mente, te invito a visualizar a nuestro Padre celestial, a Dios, cuando en Génesis 1:26 se expresa su entusiasmo ante la idea, el majestuoso proyecto de hacer al hombre a su propia imagen, y conforme a su propia semejanza.

¿Qué padre no desea reproducirse a través de su hijo?

Este sentir de prolongación de nuestro ser es natural en el hombre, así lo determinó Dios. Pues bien, ese mismo sentimiento que nos liga a nuestros hijos, fruto de nuestro propio ser, es la forma que el Señor nos dio para eternizarnos a través de nuestra descendencia, nuestra prolongación, nuestra herencia, por parte de nuestro Padre Dios.

Como padres primerizos probablemente sentíamos esa gran expectativa hacia nuestro primer hijo, el cual estaba por nacer. De este mismo modo, Dios nuestro Padre creó primero todo el contorno de su habitación, el universo completo, lugar de habitación para su hijo, Adán.

Así fue cómo Dios preparó el planeta tierra para la corona de su creación. Porque el hombre necesitaría un lugar donde habitar creó para él las aguas, los mares, los ríos, los peces, los montes y las aves. En fin, Dios creó todo el universo, y lo hizo perfecto y bueno, asegurándose del bienestar del hombre, su máxima creación.

¿Para qué fui creado? ¿Te lo has preguntado alguna vez?

FUISTE CREADO PARA SEÑOREAR SOBRE LA CREACIÓN

¿Qué significa esto? Dios le dio al hombre poder y autoridad sobre toda la obra de la creación. Ese fue y sigue siendo su plan original.

Dios es el mismo, Él no cambió. Su plan, su propósito es el mismo, así fue antes de la caída por el pecado y así mismo será, por los siglos de los siglos; porque dice su Palabra: "El cielo y la tierra pasarán, pero mis palabras no pasarán" (Mt. 24:35).

Salmo 8:1-9
> ¡Oh Jehová, Señor nuestro, cuán glorioso es tu nombre en toda la tierra! Has puesto tu gloria sobre los cielos; de la boca de los niños y de los que maman, fundaste la fortaleza, a causa de tus enemigos, para hacer callar al enemigo y al vengativo. Cuando veo tus cielos, obra de tus dedos, la luna y las estrellas que tú formaste, digo: ¿Qué es el hombre, para que tengas de él memoria, y el hijo del hombre, para que lo visites? Le has hecho poco menor que los ángeles, y lo coronaste de gloria y de honra. Le hiciste señorear sobre las obras de tus manos; todo lo pusiste debajo de sus pies: Ovejas y bueyes, todo ello, y asimismo las bestias del campo, las aves de los cielos y los peces del mar; todo cuanto pasa por los senderos del mar. ¡Oh Jehová, Señor nuestro, cuán grande es tu nombre en toda la tierra!

Al leer este precioso salmo, sin duda nos sentimos amados por Dios. Es importante profundizar en el tema de la creación para poder entender el plan de Dios para nosotros.

SOMOS PRODUCTO DE
UNA IDEA DE DIOS

Génesis 1:27
Y creó Dios al hombre a su imagen, a imagen de Dios lo creó; varón y hembra los creó.

En Génesis 1:26, Dios se expresa a sí mismo al manifestar su intención de hacer al hombre. En este mismo capítulo, el versículo 27 dice que Dios creó al hombre, y que "varón y hembra los creó".

Sin embargo, no es sino hasta Génesis 2:7, cuando aparece registrado en detalle el acto mismo de la creación del hombre (Adán). Más tarde, en el versículo 21 del segundo capítulo de este libro, es cuando se registra la creación física de la mujer.

Génesis 2:7
Entonces Jehová Dios formó al hombre del polvo de la tierra, y sopló en su nariz aliento de vida, y fue el hombre un ser viviente.

Génesis 2:21-22
Entonces Jehová Dios hizo caer sueño profundo sobre Adán, y mientras éste dormía, tomó una de sus costillas, y cerró la carne en su lugar. Y de la costilla que Jehová Dios tomó del hombre, hizo una mujer, y la trajo al hombre.

Aparentemente, pareciera haber una contradicción entre el versículo 1:27 de Génesis, cuando dice que Dios creó al hombre varón y hembra, cuando en realidad más tarde aparecen registrados, por separado, el acto de la creación del hombre (Adán) en Génesis 2:7, como el de la mujer (Eva) en Génesis 2:21.

DIOS NO CREÓ SEXO INDEFINIDO

Génesis 1:27 dice que Dios diseñó, concibió y planificó al más mínimo detalle al ser humano. Lo que este versículo establece, es que Dios los creó varón y hembra desde el principio; ese fue el diseño de Dios para el ser viviente.

Dios no creó a Adán y Juan, ni a Eva y Genoveva, sino que desde el principio, Dios los creó, varón y hembra, estableciendo una marcada distinción, una diferencia entre los dos sexos.

Dios no creó nada que no sirviera, o que fuera malo o mediocre, sino que dicen las Escrituras, que todo lo que hizo Dios, al terminarlo lo evaluó y llegó a la conclusión de que era bueno.

CREAR CONSTA DE CINCO ETAPAS

Existen cinco etapas básicas en la acción de crear algo:

1. Tener una idea.
2. Desarrollar la idea (elaborar el diseño creativo).
3. Planificar las diferentes etapas de la construcción.
4. Proceder a la realización física de la construcción.
5. Ponerlo a funcionar prácticamente.

Primera etapa: Concebir la idea que toda creación parte primero de una idea que toma origen en la mente de su creador. Nosotros los seres humanos somos producto de una maravillosa idea que se originó en la mente de Dios. Coincidamos en que su mente solamente genera buenas ideas, ¿no es así?

Segunda etapa: Planificación intelectual del proyecto, o sea la elaboración de un diseño conceptual de lo que se desea crear.

Tercera etapa: El desarrollo del plan para la elaboración de los planos de acuerdo al diseño original.

Cuarta etapa: Ejecutar la acción de crear físicamente, o sea, la materialización de la idea hasta su culminación.

Quinta etapa: A mi juicio la más importante de todas. Iniciar el funcionamiento práctico de la obra creada de manera que ésta pueda funcionar de acuerdo con el objetivo.

¿PARA QUÉ TE CREÓ DIOS?

Te lo has preguntado más de una vez en la vida, ¿no es así? Pues bien, Dios colocó al hombre en el huerto de Edén con el fin de que funcionara dentro de su plan original. Según Génesis 2:7 Dios sopló sobre Adán aliento de vida, o sea, impartió de su Espíritu sobre él.

Por su Espíritu podemos funcionar según su propósito: Reinar y señorear sobre toda la creación. Dios otorgó al hombre toda autoridad y todo dominio sobre lo creado. Este fue su plan original y perfecto. El pecado desvirtuó el plan de Dios, logrando desviar la mente del hombre del propósito de Dios para él, el cual ya dijimos que era reinar y señorear sobre todo lo creado, sin embargo, éste sigue siendo su plan original y perfecto para el hombre. Dice la Palabra en Eclesiastés 3:15 que Él restaurará lo que pasó.

Todo artista, arquitecto o constructor, antes de realizar una obra, elabora un plan de producción. Primero dibuja un diseño y luego lo lleva a cabo según los planos. La creación del hombre comenzó en la mente de Dios, y allí se inició por su Palabra la obra creadora.

"Entonces dijo Dios: Hagamos al hombre..." El Creador consultaba con la junta directiva de la deidad celestial, según Génesis 1:26, que elaboraron el plan de la creación del hombre y estipularon todos los pormenores. Durante aquella reunión se decidió hacer al hombre, la raza humana, conforme a la imagen y semejanza de la Deidad. Este fue el decreto final, esta fue la decisión de la junta directiva celestial: "Hagamos al hombre a nuestra imagen, conforme a nuestra semejanza".

POLVO ERES Y NO DIAMANTE

¡Qué bueno es que la Biblia no dice que Dios fue a las minas de diamantes y sacó un gran diamante para hacer al hombre! Lo que relata es que del polvo de la tierra tomó Dios la materia prima para hacer al hombre. También la Palabra dice que Dios se acuerda de que somos polvo. Génesis 2:7 dice que Dios tomó del polvo de la tierra, e hizo al hombre.

El término "Adán" en el idioma hebreo significa: Ser de la tierra. El vocablo hebreo para la palabra "formó", según se utiliza dentro del contexto de Génesis 2:7 es yastar. Dios yastar / formó al hombre.

La palabra yastar del hebreo, en este contexto específicamente significa que lo comprimió como en un molde, o sea, que lo hizo como en serie. Lo apretó en un molde como lo hacen los alfareros al vaciar una pieza de cerámica en una matriz.

Sin embargo, el vocablo en el idioma hebreo utilizado en el texto de Génesis 2:22, cuando se relata los pormenores de la creación física de la mujer, se usa la palabra barah. Dios hizo, Dios barah a la mujer.

La palabra "hizo", en este contexto del hebreo, es la palabra barah. Es una raíz primaria de construir. Este término es usado solamente en el contexto bíblico en otras dos escrituras en referencia a la palabra "crear", elevándola a su máxima expresión de excelencia y perfección.

1 Reyes 22:39
El resto de los hechos de Acab, y todo lo que hizo [barah], y la casa de marfil que construyó, y todas las ciudades que edificó, ¿no está escrito en el libro de las crónicas de los reyes de Israel?

Primero Reyes 22:39 hace alusión a la excelsa obra creativa de la fastuosa e incomparable construcción del palacio del rey Acab.

Ezequiel 27:5
De hayas del monte Senir te fabricaron [barah] todo el maderaje; tomaron cedros del Líbano para hacerte el mástil.

En Ezequiel 27:5 también se utiliza este vocablo hebreo barah / hicieron, describiendo el lujo y la incomparable belleza creativa de una obra excelsa y majestuosa de la ciudad de Tiro.

En estas dos escrituras, 1 Reyes 22:39 y Ezequiel 27:5, lo mismo que en la de Génesis 2:22 la palabra barah / hizo es utilizada para describir una obra creativa en su máxima expresión, o sea original, única en su género.

La palabra barah en el hebreo, se utiliza solamente para glorificar al máximo la acción misma de crear.

Dios barah / hizo a la mujer. Aquí se describe lo creado, o sea a la mujer, como algo incomparable, producto sublime de la máxima expresión de la creatividad de Dios. De seguro Adán estuvo muy de acuerdo con esta opinión. ¿No lo crees?

Cuando Adán observa por vez primera a la mujer, exclamó gozoso: ¡Ahhh, claro! Mmmm… ¡Esta es hueso de mi hueso y carne de mi carne!

Esta palabra barah parece sugerir que la mujer fue hecha a mano por Dios. Tal vez esta sea la explicación por la cual las mujeres somos hechas distintamente del varón. No fuimos hechas en molde, sino que fuimos confeccionadas a mano, esculpidas por la mano creadora de Papá.

ADÁN, MATERIA PRIMA PARA HACER A EVA

Génesis 2:7
> Entonces Jehová Dios formó al hombre del polvo de la tierra, y sopló en su nariz aliento de vida.

Al soplar Dios su aliento vivificante sobre Adán, dejó de ser simplemente un hombre para entonces convertirse en una criatura hecha por Dios. El hombre es materia prima refinada por el soplo de Dios. Los hombres y las mujeres no somos iguales. ¡Claro que no! Las feministas gritan al unísono: ¡Somos iguales!

Cuando la realidad es que no lo somos, por el contrario, somos muy distintas al varón. Varón y hembra nos creó Dios, yo no me parezco en nada a mi esposo. ¡Gloria a Dios por eso!

Dime una cosa: ¿acaso te pareces a tu esposa?

SOMOS DIFERENTES ¡GLORIA A DIOS!

¡Viva la diference! (como dirían en Francia).

La diferencia entre nosotros va más allá de las evidencias que se pueden detectar exteriormente en el área física. Las desigualdades van mucho más allá de las que determinan nuestros órganos reproductivos. No pensamos iguales, ni reaccionamos iguales, ni analizamos las cosas del mismo modo, simplemente somos distintos. ¿No me da usted la razón?

MATERIA PRIMA REFINADA POR EL SOPLO DE DIOS

La mujer no fue formada simplemente del barro de la tierra, sino que fue hecha utilizando una materia prima (sacada del hombre, Adán) que ya había sido procesada, transformada, refinada y vivificada por el soplo santo del aliento de Dios.

¿No te has preguntado alguna vez, como me lo pregunté yo, por qué Dios no tomó barro para hacer a Eva, la mujer?

¿Por qué Dios, que no hace nada sin una razón específica, simplemente no tomó de la tierra otro puñadito de lodo para hacer de la misma materia prima con la que hizo al varón, a la mujer?

Personalmente opino que Dios, justo y bueno, conociendo que Él habría de ordenarle al varón a que amara a su mujer, tenía entonces que asegurarse de que en efecto, él, Adán el hombre, podría amarla, ya que Dios no podía exigirle a Adán un imposible. Lo que Dios hizo fue elaborar su plan perfecto, al utilizar una inteligentísima estrategia: creó a su compañera, Eva la mujer, según la propia naturaleza de Adán, ya que nadie aborreció jamás su propia carne. Esto lo hizo utilizando como materia prima su hueso, su carne. Eva era su propia sustancia, era hueso de su hueso y carne de su carne. Por eso a Adán le fue fácil amar a su mujer; pudo amar a Eva porque reconoció en ella su propia naturaleza.

Cuando una mujer da a luz un bebé, de inmediato esa mujer se siente ligada, conectada a su bebé; éste es parte inherente a su propia naturaleza, es su prolongación. Del mismo modo, cuando Dios hace caer sueño profundo sobre Adán, al despertar del sueño, habiendo extraído Dios de un punto curvo del costado de Adán, la materia prima para hacer a Eva, Dios ya no tuvo que explicarle lo que pasó. Adán entendió e hizo la conexión respondiendo: "¡Ahhhh!!! Esta sí que es hueso de mi hueso y carne de mi carne."

Hermano, tu esposa, esa mujer que Dios te dio, ciertamente según el plan original de Dios, sigue siendo carne de tu carne y hueso de tu hueso. Ella es tu esencia, tu sustancia, tu prolongación. Por eso dice la Palabra de Dios: "Por tanto, dejará el hombre a su padre y a su madre, y se unirá a su mujer [Eva], y serán una sola carne" (Gn. 2:24).

Quiero decirte que Dios es el mismo ya que no cambió. Y esa verdad, esa realidad, aún está vigente para ti hoy. Tu mujer, tu esposa es tu prolongación. Tú la puedes amar, en ti está la potencialidad, la capacidad de amarla así, en el entendimiento del plan original de Dios para ti. Así como te amas a ti mismo, así ama a tu mujer, porque ella ciertamente es tu carne. Lo puedes lograr naturalmente porque tu Eva, tu esposa, sigue siendo de acuerdo al plan santo e inalterable de Dios, tu misma y propia naturaleza.

ASOMÉMONOS AL ACTO MISMO DE LA CREACIÓN DE LA MUJER

Dicen las Escrituras en Génesis 2:21 que Dios hizo caer sobre Adán sueño profundo y le sacó una de sus costillas y cerró la herida. Bueno, lo que dice el original es: "Y de un punto curvo del costado tomó Dios". Aunque la palabra hebrea puede significar "costado", aquí significa "costilla".

ADÁN RECONOCIÓ SU HUESO

¿No te has dado cuenta cómo la mayoría de los hombres se expresan diciendo: "Porque mi mujer esto, o mi mujer lo otro"? Y es en esta forma posesiva de decir: "mi mujer", cómo se puede percibir un tremendo sentido de pertenencia.

Efesios 5:29 dice que nadie aborreció jamás a su propia carne, sino que la cuida y la sustenta. Así ocurrió antes de la caída del hombre por el pecado. Adán entendió, asimiló de inmediato el propósito de Dios. Por eso pudo recibir a su mujer y amarla como a sí mismo, como a su propia carne.

¿AYUDA IDÓNEA O AYUDA ERRÓNEA?

Génesis 2:18
Y dijo Jehová Dios: No es bueno que el hombre esté solo; le haré ayuda idónea para él.

Génesis 2:20
Y puso Adán nombre a toda bestia y ave de los cielos y a todo ganado del campo; mas para Adán no se halló ayuda idónea para él.

El término "ayuda idónea", según la Nueva concordancia Strong exhaustiva (Caribe, #5828, p. 97), del hebreo ézer, viene de la raíz primaria azár, vocablo que significa literalmente: agravar, amparar, ayudador, ayudar, socorrer, socorro.

Notemos que en el primer capítulo del libro de Génesis, a partir del versículo 20, o sea, a partir del cuarto día de la creación, Dios creó sobre la faz de la tierra seres vivientes, en las aguas y en los mares. También Dios creó en ese cuarto día las aves y los animales marinos, así como los seres vivientes que se mueven y pululan en las aguas.

Al sexto día, creó animales domésticos, animales salvajes, reptiles y además al hombre, o sea el ser humano. Siguiendo el orden cronológico de la creación sobre la faz de la tierra, primero fueron creados todos los animales y luego el hombre.

1 Corintios 11:8-9
Porque el varón no procede de la mujer, sino que la mujer del varón, y tampoco el varón fue creado por causa de la mujer, sino la mujer por causa del varón.

1 Corintios 11:11-12
Pero en el Señor, ni el varón es sin la mujer, ni la mujer sin el varón; porque así como la mujer procede del varón, también el varón nace de la mujer, pero todo procede de Dios.

Esta pasaje de 1 Corintios 11:8 se ha utilizado inadecuadamente para poner a la mujer en una posición inferior con respecto al varón a causa de haber sido creada después, según el orden cronológico de la creación del hombre (la raza humana), relatado en el libro de Génesis.

¿ACASO EL MONO ES MAYOR QUE TÚ?

¿Quién dijo que somos más o menos importantes que el varón, por el orden de llegada a este planeta? Esto es tan absurdo como pretender que el toro, el avestruz y la ballena fuesen superiores que el varón porque Dios creó primero a los animales.

TU COMPLEMENTO

La mujer fue creada como complemento perfecto para el hombre. Ella es su ayuda idónea.

Jeremías 31:22
Porque Jehová creará una cosa nueva sobre la tierra: la mujer rodeará al varón.

La mujer fue creada como ayuda idónea para el

hombre. Pero esta condición de ayuda idónea no es en manera alguna una posición inferior, o desfavorable a la mujer. Mas bien ella es un complemento perfecto, creado y establecido por Dios, para llevar a cabo su plan perfecto.

LA MUJER FUE CREADA A IMAGEN Y SEMEJANZA DE DIOS

Dios creó al hombre ("varón y hembra los creó"). Así los diseñó y los planificó, a su imagen y conforme a su semejanza. Dios concibió a la especie humana, al hombre, a la raza humana (Gn. 1:26). Entonces la especie humana fue dividida por Dios en dos: varón y hembra, así por separado les creó (Gn. 1:27).

Varón, déjame decirte algo importante: en ti existen cualidades otorgadas por Dios que son únicas y pertinentes a tu sexo masculino. Estas cualidades armonizan con el plan que Dios estableció desde el principio para la pareja según el papel que Él determinó para ti.

Del mismo modo, todas las cualidades femeninas que poseemos nosotras las mujeres, son pertinentes al papel que Dios estableció para nosotras. Estas cualidades, dones y características propias de nuestro género, de igual modo proceden de Dios nuestro creador, quien nos creó a su imagen y semejanza. Nosotras las mujeres al igual que los varones, somos un diseño exclusivo de Dios, conforme a sí mismo.

Las mujeres también somos parte de la creación de Dios y partícipes de su naturaleza. Esas cualidades que Él creó para nosotras son parte de su plan para complementar al hombre en la relación de pareja.

Las Sagradas Escrituras nos presentan a Dios como un

Ser supremo que se proyecta a través de una imagen preponderantemente masculina. De acuerdo a la cultura judía, la Palabra señala las características masculinas de Dios. Sin embargo, se ha especulado muchísimo sobre el controversial tema acerca de la identidad genérica de Dios.

¿Es Dios en realidad varón, o es al mismo tiempo femenino y masculino? ¿Dios tiene sexo definido?

La Palabra nos habla de un Dios Padre, Dios varón de guerra y Dios Todopoderoso. En fin, la Biblia está saturada de pasajes que nos presentan una imagen varonil, masculina, paternal de Dios. No obstante, también podemos encontrar dentro del contexto bíblico, varias porciones de las Escrituras que, por el contrario, hacen alusión o referencia a Dios utilizando imágenes que sugieren o ilustran características femeninas. Como por ejemplo el pasaje de Lucas 13:34 describe a Dios a través de una imagen maternal, como una gallina que cobija y protege a sus polluelos bajo sus alas.

UNA SOLA CARNE

Dios nos separó, varón y hembra en la creación, y Él mismo nos vuelve a unir, en el vínculo perfecto, esto es en la pareja.

—No es bueno que el hombre esté solo —dijo Dios—, le haré ayuda idónea, le haré el complemento perfecto.

¿Sabes la causa por la cual el enemigo siempre está tratando de separar los matrimonios? Pues precisamente por causa de que la pareja representa la unidad de la imagen y semejanza de Dios sobre la tierra, fundida en un solo ser, en una sola carne.

Cuando la pareja está funcionando según el plan perfecto y original de Dios dentro del vínculo del matrimonio, y estos están fundidos como en una sola carne, como dicen las Escrituras, las parejas entonces se convierten en una poderosa fuerza dunamis (dínamo) de Dios.

LA PAREJA, UNA EXPRESIÓN DE DIOS SOBRE LA TIERRA

Dios dio a la especie humana, la imagen y semejanza de sí mismo, distribuyendo su esencia independientemente entre el varón y la hembra, o sea, entre el hombre y la mujer.

Los atributos y cualidades que Dios le dio a la mujer, y todos los atributos y cualidades que Dios le dio al varón, mediante el sagrado vínculo del matrimonio, se funden en un solo ser; éste ser es la pareja, una sola carne a los ojos de Dios.

LA MUJER FUE ENGAÑADA Y SEDUCIDA, EL HOMBRE NO

La verdad es que Adán no fue engañado y seducido por la serpiente (Satanás) para comer del fruto prohibido. Fue la mujer, Eva, quien cayó en la trampa del enemigo y desobedeciendo a Dios tomó y comió del fruto prohibido y luego lo dio a su marido Adán.

Sin embargo, no fue la desobediencia a Dios, en sí misma, la que causó la caída de Eva de la gracia de Dios, sino que fue la intención de su corazón lo que la indujo a la desobediencia de tomar del fruto prohibido.

La serpiente le dijo a la mujer: "No moriréis; sino que sabe Dios que el día que comáis de él, serán abiertos vuestros ojos, y seréis como Dios, sabiendo el bien y el mal" (Gn. 3:4-5).

Eva le creyó a la serpiente. Esa semilla venenosa de engaño fue sembrada en su corazón, y germinó contaminándolo con el deseo de ser igual a Dios. Él le dio a Adán la posición de cabeza sobre Eva para que la amara y protegiera, sin embargo, Adán no ejerció esa autoridad, por el contrario, reconvino con ella en pecar.

Adán no hizo resistencia a la propuesta de Eva, "comamos del fruto prohibido porque la serpiente me dijo que seríamos igual a Dios", sino que también accedió en pecar comiendo mansamente del fruto que le ofreció.

ADÁN PECÓ VOLUNTARIAMENTE

Es cierto, Adán no fue seducido y engañado por la serpiente; esto es verdad. Fue Eva, la mujer, quien fue engañada y seducida por Satanás. Por el contrario, Adán pecó voluntariamente.

1 Timoteo 2:14
Y Adán no fue engañado, sino que la mujer, siendo engañada, incurrió en transgresión.

Este versículo que aparece en la primera carta del apóstol Pablo a su discípulo Timoteo, a simple vista, pareciera proyectar una marcada connotación condenatoria hacia la mujer. Algo así como un velado reproche, imputándole a la mujer la responsabilidad por la caída del hombre. Este versículo pareciera indirectamente apuntar, o señalar a la mujer como culpable por la caída del varón.

Como mujer confieso que sueño con aquel que llamo "el Adán maravilloso". Ese, que cuando Eva le hubiese venido con el cuentecito de que la serpiente dice…, le respondiera con toda autoridad: Ahora mismo te ordeno que escupas ese trozo del fruto prohibido de tu boca. No lo comeré, ni tampoco lo vas a comer tú. Porque mi casa y yo serviremos a Jehová.

Te garantizo que de haber sido así la reacción de Adán, muy distinta hubiese sido la historia de la humanidad. Si

Adán hubiese tomado la autoridad, como cabeza espiritual sobre su mujer como Dios se la había otorgado, otra sería la historia.

Ciertamente, las cosas hubiesen sido para todos muy distintas. En ese desafortunado día en que Adán comió del fruto prohibido que su mujer le ofreció, acabó con el Adán maravilloso, y desencadenó el pecado de debilidad en Adán.

Allí comenzó lo que yo llamo "el síndrome de calzones flojos", espiritualmente hablando. Esta condición la estamos viviendo, desafortunadamente, tanto en la sociedad como en la iglesia. Nuestra sociedad está enferma por falta de padres, esposos, líderes espirituales en el hogar, conforme al plan original del corazón de Dios.

En ese desdichado momento histórico, reflejado en el libro de Génesis, todas nosotras las mujeres de la creación perdimos al Adán maravilloso. Solo este Adán maravilloso, lo podemos recuperar a través del "varón perfecto", Jesús, cuando cada hombre, cada varón, pueda crecer en Él, a la altura del varón perfecto.

LA MUJER FUE CREADA PARA VIVIR BAJO LA PROTECCIÓN DEL HOMBRE

Después que Adán y Eva pecaron, al desobedecer a Dios y comer del fruto prohibido, dice la Biblia que Dios llamó a Adán para pedirle cuentas.

Génesis 3:9
> Mas Jehová Dios llamó al hombre, y le dijo: ¿Dónde estás tú?

¡Qué tremendo es que Dios no llamó a la mujer! Ni tampoco preguntó Dios: "¿Dónde estaban ustedes?", hablando en plural, sino que le pidió cuentas directamente a Adán ya que él era el jefe, la cabeza sobre Eva; por eso fue a él a quien Dios confrontó primero.

¿A quién se confronta primero a la hora de un reclamo? Al jefe, a la autoridad, ¿no es cierto? ¿Sobre quién recae la responsabilidad a la hora de hacer un reclamo? Ciertamente recae sobre la persona encargada de ejercer el liderazgo.

Así mismo funciona Dios. La autoridad en la pareja, Dios la entregó y delegó sobre Adán, el varón.

Efesios 5:23
Porque el marido es cabeza de la mujer, así como Cristo es cabeza de la iglesia, la cual es su cuerpo, y él es su Salvador.

"LA MUJER QUE ME DISTE"

Estas fueron las palabras que Adán respondió cuando Dios lo confrontó. Después que ambos comieron del fruto prohibido, Dios llamó a Adán para pedirle cuentas; Dios lo confrontó.

Génesis 3:12
Y el hombre respondió: La mujer que me diste por compañera me dio del árbol, y yo comí.

La culpa nunca cae al piso, siempre aparece alguien a quien achacársela. Adán culpó a Eva y ella, ni lerda ni perezosa, decidió de inmediato culpar a la serpiente.

Adán respondió a Dios, cuando éste lo confrontó, con esta frase: "La mujer que me diste por compañera", señalando a Eva y responsabilizándola por la desobediencia de ambos.

Adán no ejerció sobre su mujer la autoridad espiritual que como cabeza Dios le otorgó. En otras palabras, no le dio a Eva cobertura. Sino que, por el contrario, intentó sin misericordia sacudirse de todo tipo de responsabilidad delante de Dios en el asunto, acusándola para que recayese sobre ella todo el rigor de la ira de Dios.

Adán pretendió escudarse detrás de la supuesta culpabilidad de Eva, como medio de auto justificarse delante del Señor. No solamente inculpó a Eva, intentando así ser exonerado de toda culpa, como explicamos anteriormente, sino que además, y para colmo, hasta le reprochó indirectamente al mismo Dios diciendo: "La mujer que me diste por compañera" (Gn. 3:12).

Este velado reproche hacia Dios implica que a la postre, la responsabilidad vendría a recaer sobre el mismo Dios. "Señor, esa mujer que me diste es algo serio, ¿acaso no fuiste tú mismo quien me diste a Eva por compañera?"

En ese día todas las mujeres perdimos al "Adán maravilloso", ese Adán que solamente puede ser recuperado a través de Jesús, varón perfecto.

Dios también confrontó a Eva más tarde, preguntándole:

Génesis 3:13

Entonces Jehová Dios dijo a la mujer: ¿Qué es lo que has hecho? Y dijo la mujer: La serpiente me engañó, y comí.

No fue Adán únicamente quien trató de deshacerse de la responsabilidad, señalando como culpable a otra persona. De igual modo, Eva le imputó la responsabilidad a la serpiente. Sin embargo, según la relación del hombre para con Dios, cada uno de nosotros es responsable de sus propios actos delante de Él. No podemos culpar a nadie por nuestra decisión de pecar.

La ley de Dios no contempla atenuantes a su sentencia de disciplina, por causa de la influencia, o intervención de terceras personas, en referencia a nuestra obediencia para con Él.

LAS CONSECUENCIAS DEL PECADO

A causa del pecado Dios disciplinó a cada uno. Una lista de consecuencias para Adán y otra para Eva. Es más, hasta para la serpiente, Dios tenía preparada una lista de consecuencias. Sin duda, "la paga del pecado es muerte". Para el hombre, esa muerte es el resultado del pecado.

¿Acaso no es Dios bueno? ¡Claro que es bueno! ¿Entonces, por qué castiga? Como Dios es justo ha de castigar al pecador no arrepentido a una muerte eterna. ¿Qué padre es aquel que no disciplina?

Dios es bueno. ¡Muy bueno! Pero su Palabra dice que la paga del pecado es muerte. Y la Palabra de Dios es verdad. La paga del pecado es la muerte. Esto es lo que está establecido por Él mismo, y Dios no cambia. Su Palabra es eterna, así es que "el cielo y la tierra pasarán, pero mis Palabras no pasarán". (Mt. 24:35).

¿Acaso no perdona Dios? ¡Claro que sí! Además también olvida. Dios es bueno; es muy bueno. Pero dicen las Escrituras: "porque la paga del pecado es muerte..." (Ro. 6:23). Y esa muerte eterna es la consecuencia del pecado.

Dios primero reprendió a la serpiente y le leyó la sentencia, la lista de las consecuencias de su pecado.

Génesis 3:14-15
> Y Jehová Dios dijo a la serpiente: Por cuanto esto hiciste, maldita serás entre todas las bestias y entre todos los animales del campo; sobre tu pecho andarás, y polvo comerás todos los días de tu vida. Y pondré enemistad entre ti y la mujer, y entre tu simiente y la simiente suya; ésta te herirá en la cabeza, y tú le herirás en el calcañar.

Analicemos este versículo de Génesis 3:15. Dios le está diciendo a la mujer, que pondría enemistad entre la serpiente (Satanás) y ella. ¿Sabes tú a qué se refiere este versículo? Que a través del vientre de una mujer, María, sería incubada la simiente del Mesías, el Redentor, el Salvador del mundo: su simiente, o sea la simiente de la mujer, María. Cristo fue la simiente que se engendró por obra y gracia del Espíritu Santo en el vientre de una mujer, María la virgen, y Él herirá al diablo en la cabeza.

CAPÍTULO 2

¿A QUIÉN LE DIO DIOS LAS INSTRUCCIONES?

Génesis 2:15-17
Tomó, pues, Jehová Dios al hombre, y lo puso en el huerto del Edén, para que lo labrara y lo guardase. Y mandó Jehová Dios al hombre, diciendo: De todo árbol del huerto podrás comer; mas del árbol de la ciencia del bien y del mal no comerás; porque el día que de él comieres, ciertamente morirás.

Dios le da estas instrucciones a Adán en el versículo 15 del capítulo 2 de Génesis sobre la prohibición del fruto del árbol de la ciencia del bien y del mal. Sin embargo, no fue hasta el versículo 21 de este capítulo cuando Él hace caer en sueño profundo a Adán para formar a Eva.

¿A quién entonces le dio Dios las instrucciones? ¿No fue a Adán? ¿Sobre quién recae la responsabilidad?

Fíjate que después que ambos pecaron, desobedeciendo a Dios y comiendo del fruto prohibido, Dios llamó a Adán para pedirle cuentas; al varón le pidió cuentas, no fue a Eva, sino fue a él a quien Dios confrontó primero.

Génesis 3:9
Mas Jehová Dios llamó al hombre, y le dijo: ¿Dónde estás tú?

Dios no dijo: Oigan, Eva y Adán, ¿dónde están ustedes? sino que preguntó: ¿Adán, dónde estás?

Adán era el responsable porque fue a él a quien Dios

le dio las instrucciones. También le ordenó labrar la tierra y guardarla, o sea, que estaba incluido el guardar también de Eva. Sin embargo, Adán comió del fruto prohibido y al ser confrontado por Dios, como tratando de mitigar su culpabilidad, decidió acusar a Eva.

Así fue que allí, en aquel mismo momento preciso, en aquel mismo lugar, nació lo que yo llamo el espíritu de "calzón flojo espiritual", el cual aun arrastramos hasta hoy. En aquel histórico día, todos los hombres perdieron algo muy importante y nosotras las mujeres, perdimos aún más. Allí, desde el propio jardín del Edén, nosotras perdimos al "Adán maravilloso". Menos mal que en Cristo lo podemos volver a recuperar. ¡Aleluya!

Porque el hombre fue diseñado por Dios para ser líder espiritual de su hogar y nosotras las mujeres, así mismo fuimos creadas por Dios para poder amar a nuestros esposos, respetándoles y sometiéndonos con gozo, como al Señor.

No, no me tilde de loca así no más a la ligera. Me parece escuchar a muchas de mis amadas lectoras murmurar entre dientes:

—¿Someterse mi esposo...? ¿Some... cuánto? ¡Ay, hermana! Cómo se ve que usted no conoce a mi esposo....

Es que la "Eva maravillosa" también era antes de la caída por el pecado.

Sin embargo, Dios nos concedió a nosotras la habilidad de ser felices bajo el santo liderazgo y protección de nuesbtros esposos.

LOS ADÁN "CALZONES FLOJOS ESPIRITUALES"

El espíritu de Adán "calzón flojo espiritual", surge y se desencadena como producto del pecado. Eso de espíritu de "calzón flojo" es un término que utilizo al referirme a la flojera de carácter espiritual, con la cual Satanás ha segado y adormecido a muchos hombres por medio del pecado, impidiéndoles afirmarse en la Palabra para ejercer su autoridad bajo la unción del Espíritu Santo, con toda sabiduría. Ese liderazgo espiritual, ese sacerdocio sobre su familia, fue dado por Dios quien lo estableció desde el principio en justicia y en amor.

SÍNTOMAS DE LA ENFERMEDAD SOCIAL

Nuestro mundo está enfermo de pornografía, alcoholismo, desmoralización, prostitución, homosexualidad, drogas y corrupción. Sin embargo, estos son solamente síntomas de la verdadera enfermedad, del cáncer que está carcomiendo nuestro mundo. La verdadera enfermedad, el virus, la raíz de esta terrible enfermedad, en realidad no es otra cosa que la falta de Dios en el hogar: la falta de paternidad responsable, hogares establecidos bajo el fundamento de la Palabra de Dios.

La gran crisis que vive la humanidad es la falta de padres.

DEJA LA "MAMITIS AGUDITIS"

Mateo 19:5-6
> Y dijo: Por esto el hombre dejará padre y madre, y se unirá a su mujer, y los dos serán una sola carne. Así que no son ya más dos, sino una sola carne; por tanto, lo que Dios juntó, no lo separe el hombre.

En nuestra cultura hispanoamericana, muchas familias funcionan a través de la figura predominante de una madre absorbente y autoritaria. En nuestra sociedad es frecuente en muchas familias, la costumbre o tendencia matriarcal, donde es la madre quien ejerce la autoridad y domina con su influencia a la familia.

Muchos hombres latinos, debido a sus arraigadas raíces culturales, tienden a poner a su madre por encima de su esposa. Un poco a lo estilo del poeta español Federico García Lorca: "Todo te lo consiento, menos faltarle a mi madre... Una madre no se encuentra, y a ti... te encontré en la calle..."

Sin embargo, aunque la Biblia nos enseña a honrar al padre y a la madre, lo cual es mandato de Dios, también nos instruye claramente sobre la posición que debe de tomar la esposa para con el esposo, y el esposo para con la esposa.

Tu esposa debe ser la persona más importante para ti, ese es el orden de Dios. Ella debe ser primera en tu vida en el orden de prioridades, por encima de tu mamá, de tus hermanas, de tu papá y de tus propios hijos. Ese es el orden establecido por Dios. No quiere decir que no honres a tu madre. Esto igualmente es ley, mandamiento de Dios. Pero nadie, excepto Dios, debe de estar, para ti, por encima de tu esposa.

Un hombre casado debe respetar a sus padres, ayudarles, honrarles, pero no puede poner a sus padres por encima de su mujer. Eso es lo que dice Dios.

No recomiendo a una persona vivir con los suegros, ni de un lado de la familia, ni del otro. Hay un viejo refrán popular que reza: "El casado, casa quiere". Sin embargo, hay situaciones en las que esta convivencia se requiere y se puede lograr en armonía, cuando se basa en amor y respeto mutuo.

Un hombre sabio honra a su madre y a su esposa por igual. Sin embargo, sabe dejar establecido entre ellas el mutuo respeto. Debe instruir a su esposa sobre la conducta que él espera de ella hacia su madre, y demandar de igual modo de su madre respeto hacia su esposa, según el orden de las prioridades establecido por Dios.

El mundo dice: "Entre marido y mujer nadie se debe meter". Esto no está en el libro de los Proverbios, pero bien podría haberlo estado, pues nada más cierto que esto.

LA NOVIA Y EL VELO

¡Qué lindas son las bodas! ¿No es así? Las novias, por lo general, suelen entrar a la iglesia, vestidas de traje blanco, tradicionalmente como un símbolo de pureza. En lo posible lo hacen del brazo de su padre; es también tradicional que la novia lleve el rostro cubierto con un delicado velo.

Frente al altar, a un lado del ministro oficiante, está parado el novio, mientras el ministro pregunta en alta voz: "¿Quién entrega a ésta mujer?" A lo que el padre de la novia responde: "Yo, su padre, la entrego".

Entonces el padre de la novia, le retira el velo descubriéndole el rostro; seguidamente, el novio que espera en el altar, recibe la mano de la novia y vuelve a colocarle el velo sobre el rostro. Así prosigue la ceremonia.

¿Sabes qué significa este simbolismo? Es un símbolo de la mujer que ha sido creada por Dios, diseñada según su plan perfecto, para vivir bajo protección y autoridad del marido. Nosotras se supone que pasamos de la cobertura de nuestro padre, quien según el plan de Dios se espera que nos haya protegido bajo su pacto, dándonos su nombre, o sea su apellido, su cobertura espiritual, social y natural hasta ese día, en el cual nos entrega a un hombre, transfiriendo a él la autoridad sobre nosotras. Esto significa que desde ese momento en adelante estaremos funcionando bajo su protección y autoridad.

Cuando el padre descubre frente al altar a su hija vestida de novia, a través del símbolo del velo, lo que le está diciendo al novio, o sea su futuro yerno, delante de los testigos es: "Aquí tienes a mi hija, ahora te la entrego, ahora te la confío, ella ha vivido junto a mí desde que nació, bajo mi pacto, bajo mi nombre, bajo mi protección, bajo mi autoridad y cobertura. Hoy te la entrego a ti varón". Y entonces el novio recibe a su novia de la mano del padre, y al cubrirla con el velo nuevamente, simbólicamente está diciendo públicamente: "Yo recibo a ésta tu hija ahora bajo juramento de pacto, para darle mi apellido, mi amor, mi cobertura; ella está de ahora en adelante bajo mi protección y autoridad".

Esto es lo que es el matrimonio: Un pacto.

LA KIPA, SÍMBOLO DE AUTORIDAD

El hombre judío usa un pequeño gorrito en la cabeza, llamado la kipa. ¿Lo has visto? Teóricamente deben usarlo todos los días. Al vestirse cada mañana y al colocarse la kipa sobre su cabeza, debe de decir en voz alta a manera de oración: "Reconozco que tengo una autoridad sobre mi; tú, Jehová, eres autoridad sobre mi cabeza".

Maravilloso simbolismo de la cultura de Dios para su pueblo escogido. ¿Reconoces tú varón cada mañana, que Jehová es tu autoridad sobre tu cabeza?

LA VIRGINIDAD: SEÑAL DEL PACTO

Cuando una mujer virgen se casa, al consumar con su esposo por primera vez su primer contacto sexual, por lo general se produce un leve desgarramiento de una fina membrana interna en la cavidad vaginal, llamada el himen. Según un principio de ley espiritual establecido por Dios, está determinado que todo pacto se debe ratificar por medio de sangre. Así es que este leve sangramiento representa la provisión de Dios en su perfecta sabiduría, para ratificar con derramamiento de sangre el pacto matrimonial.

¿SIGUES EL ORDEN DE DIOS?

Es importante saber el orden de Dios para el hombre.

Primero: DIOS

Segundo: TU ESPOSA

Tercero: TUS HIJOS

Cuarto: TU IGLESIA

Quinto: TU EMPLEO

Después: TODO LO DEMÁS

Primero, en nuestra vida, debe de ser Dios. Mas buscad primeramente el reino de Dios y su justicia, y todas estas cosas os serán añadidas. (cp. Mt. 6:33).

Después viene tu esposa, tu cónyuge, ella ciertamente es lo más importante. Es tu misma carne, tu propia naturaleza. Dice la Palabra de Dios, que nadie aborreció jamás su propia carne, sino que la sustenta y la abriga. Tu mujer es tu carne.

Amado, si tú amas a Dios, si te congregas regularmente para escuchar la Palabra, si pagas tus diezmos y con gozo das ofrendas voluntariamente, y además oras, ayunas y lees la Biblia de tapa a tapa cada año, y hasta eres diácono o anciano de la iglesia, jefe de los ujieres, o todas estas cosas juntas, pero no amas a tu mujer, no la honras y no la respetas, entonces tienes aún que convertirte.

Si visitas a los enfermos, vas a las cárceles y haces obras

de caridad y sin embargo, maltratas, menosprecias, ridiculizas, ignoras y maldices a tu esposa e hijos, con hechos, palabras o sentimientos; si no le prestas atención a tu esposa, no la amas, no es lo primero en tu vida, quiero que sepas que, de acuerdo a la Palabra de Dios, tú estás muy mal.

Hermano, si no honras a tu esposa y por el contrario la desvalorizas, no tratándola como dice la escritura paulina, como vaso más frágil; en otras palabras, si no la tratas con extrema delicadeza, como si fuera una copa de fino cristal, no cumples la voluntad de Dios en cuanto a lo que deber ser tu relación con tu esposa.

Si no la amas, simplemente no estás agradando a Dios, aunque ores, ayunes, diezmes, y de paso seas superintendente de la escuela dominical, o aunque todos los domingos seas el primero en llegar a la iglesia, muy bien perfumadito trajeado y encorbatado. Aunque pidas todos los sábados por la noche, a que tu mujer te planche hasta las medias y los calzones con medio galón de almidón, no agradas a Dios.

Tienes que preocuparte por preguntarle a tu mujer: "Querida, ¿necesitas comprarte alguna ropa? ¿Tienes algún vestido lindo para ponerte mañana para ir a la iglesia?" Pero si solo piensas en ti, y tu esposa está solamente para lavarte las camisas, plancharte y cocinarte, poco te ocupas de sus necesidades, físicas, emocionales y espirituales. Aunque te mudes con cama y todo para la iglesia, y seas el hombre de confianza del pastor, quiero decirte que aún tú tienes que nacer de nuevo.

Ya que la Biblia le dice al marido, no como quien hace una sugerencia, sino más bien como un mandato: "Maridos, ...amad, ...amad ...amad a vuestras mujeres".

La Biblia no deja espacio para que el marido maltrate,

desprecie o simplemente ignore las necesidades de su mujer. Lo que sí dice claramente la Palabra de Dios a los maridos, es que: Amen a sus mujeres. El que ama a su mujer, a su esposa, a sí mismo se ama. ¿Te amas tú?

El que no ama a su mujer, dice la Palabra de Dios, que sus oraciones tienen estorbo, o en otras palabras, que no pasan del techo. Puedes dar tus diezmos, ofrendas, ponerte corbatas con temas bíblicos, ser maestro de la escuela dominical, saberte de memoria el Salmo 23, tener cien calcomanías en la defensa de tu automóvil que digan: "CRISTO VIVE", o incluso ser el presidente de organizaciones como hombres de negocios, cumplidores de promesas, hombría de bien, etc., pero si maltratas, humillas, o desprecias a tu mujer, tus oraciones no pasan del techo.

Si eres el servidor número uno en la iglesia, pero sin embargo, en tu casa maltratas, humillas, desprecias, o ignoras a tu mujer, y maltratas a tus hijos, no les prestas tiempo, no les ministras, no provees para ellos, te conviertes en un hipócrita.

¿Recuerdas a Job? Dios le dio permiso a Satanás para que le ataque en todo.

Job 1:9-12

...¿Acaso teme Job a Dios de balde? ¿No le has cercado alrededor a él y a su casa y a todo lo que tiene? Al trabajo de sus manos has dado bendición; por tanto, sus bienes han aumentado sobre la tierra. Pero extiende ahora tu mano y toca todo lo que tiene, y verás si no blasfema contra ti en tu misma presencia. Dijo Jehová a Satanás: He aquí, todo lo que tiene está en tu mano; solamente no pongas tu mano sobre él...

Dicen las Escrituras que los enemigos de Job prendieron fuego a su finca, mataron a todos sus criados y a todo su ganado. Murieron todos sus hijos y sus hijas. De un momento a otro, Job se quedó sin fincas, sin animales, sin criados, sin hijos, sin dinero, sin casa. Sin embargo, Satanás no pudo dejarlo viudo.

¿Por qué? Pues Dios le dio permiso a Satanás para tocarlo en todo, menos a él mismo, y su esposa era su carne. Satanás no pudo tocar a su esposa, porque era parte de él mismo.

Si en la iglesia tú eres amable con todos, si eres sonriente, amoroso, atento y caballeroso, y hasta utilizas frases religiosas (de esas prefabricadas del vocabulario cristiano, debidamente prelubricadas con su buena dosis de vaselina de hipocresía), como por ejemplo: "Bendiciones, hermanita." "¡Gloria a Dios, mi hermano!" "¡Aleluya!" Pero si en la casa, por el contrario, gritas, vociferas, maldices y le dices a tu esposa: "i$?#{"<{8*^5$1`!" Te digo en el amor del Señor: ¡Arrepiéntete!

Si en la iglesia eres muy atento con todos y abrazas a las jóvenes, besas a los niños, y hasta repartes caramelos, pero en tu casa, con tu esposa e hijos, eres abrupto, grosero, mal hablado y tacaño... ¡Arrepiéntete!

¿DESDE CUÁNDO NO LIMPIAS A TU ESPOSA EN LA PALABRA?

Efesios 5:25-31

Maridos, amad a vuestras mujeres, así como Cristo amó a la iglesia, y se entregó a sí mismo por ella, para santificarla, habiéndola purificado en el lavamiento del agua por la palabra, a fin de presentársela a sí mismo, una iglesia gloriosa, que no tuviese mancha ni arruga ni cosa semejante, sino que fuese santa y sin mancha. Así también los maridos deben amar a sus mujeres como a sus mismos cuerpos. El que ama a su mujer, a sí mismo se ama. Porque nadie aborreció jamás a su propia carne, sino que la sustenta y la cuida, como también Cristo a la iglesia, porque somos miembros de su cuerpo, de su carne y de sus huesos. Por esto dejará el hombre a su padre y a su madre, y se unirá a su mujer, y los dos serán una sola carne.

Cuando he tenido que dar consejería a algún esposo, y éste comienza a darme quejas y más quejas de su esposa, ¿sabes lo que hago? De repente le interrumpió haciéndole la siguiente pregunta: "Dígame algo, hermano, ¿desde cuándo no limpia a su esposa en la Palabra?"

Esta inesperada pregunta lo desconcertó, por lo cual sorprendido inquirió: "Discúlpeme, hermana Amber, pero no comprendo su pregunta. ¿A qué se refiere usted con esto de lavar a mi esposa en la Palabra?"

Entonces leí el capítulo 5 de la carta del apóstol Pablo a los Efesios, versículos 25 al 33, especialmente en los versículos 25 y 26: "Maridos, amad a vuestras mujeres, así como Cristo amó a la iglesia, y se entregó a sí mismo por ella, para santificarla, habiéndola purificado en el lavamiento del agua por la palabra".

Se supone que un marido espiritual, cuando detecta algún área en su esposa que a él no le agrade o donde su esposa esté fallando, o sea que no esté alineada a la Palabra de Dios, que este esposo debería poder llamar a su esposa y ministrarle por la Palabra de Dios. Este hombre debería ser capaz de poder sentar a su esposa a su lado, y en el amor de Cristo, sin contienda, sino en amor, podría enseñar, redargüir e instruirla, a través del consejo de la Palabra de Dios. Y así traerla al conocimiento de lo que dice la Palabra con respecto al asunto donde, por la Palabra de Dios, detecte, o perciba, que su esposa esté fallando. El marido debería de ser capaz de poder instruir a su esposa lavándola por la Palabra. La Palabra de Dios, al leerla, es el agua clara, el detergente que lava toda imperfección e inmundicia.

¿Para qué? Pues, lo que dicen estas Escrituras es para podérsela presentar a sí mismo, una esposa santa, que no tenga mancha, ni arruga, porque ha sido ya lavada por la Palabra de Dios.

Limpia a tu esposa, refréscala en la Palabra de Dios.

LA PORNOGRAFÍA ENTRA POR LOS OJOS

Los ojos y los oídos son ventanas al alma y es en nuestra alma donde se gestan y germinan las semillas de las cosas que oímos, y vemos. Estas semillas de cierto producirán frutos, que serán de vida, o de maldición y muerte.

2 Samuel 11:1-5
Aconteció al año siguiente, en el tiempo que salen los reyes a la guerra, que David envió a Joab, y con él a sus siervos y a todo Israel, y destruyeron a los amonitas, y sitiaron a Rabá, pero David se quedó en Jerusalén. Y sucedió un día, al caer la tarde, que se levantó David de su lecho y se paseaba sobre el terrado de la casa real; y vio desde el terrado a una mujer que se estaba bañando, la cual era muy hermosa. Envió David a preguntar por aquella mujer, y le dijeron: Aquella es Betsabé hija de Eliam, mujer de Urías heteo. Y envió David mensajeros, y la tomó; y vino a él, y él durmió con ella. Luego ella se purificó de su inmundicia, y se volvió a su casa. Y concibió la mujer, y envió a hacerlo saber a David, diciendo: Estoy encinta.

Es curioso que las Escrituras dicen que era tiempo cuando los reyes iban a la guerra. ¿Acaso no era David rey? ¿Por qué cuando su ejército está en guerra, David está de ocioso por los tejados mirando a la mujer ajena? ¿Qué hacía? ¡El rey David está durmiendo la siesta en el palacio real hasta la caída de la tarde!

Era a la caída de la tarde y David se acababa de levantar de la cama, mientras su ejército estaba en guerra, defendiendo su reino. Y él en su camita dormía hasta el atardecer. Luego se levantó y se paseo por la azotea. Allí vio a la mujer del vecino. Por los ojos entró la codicia: Sus ojos fueron la huerta para que germinara en su corazón la semilla de codicia sexual hacia aquella mujer.

David tenía siete esposas y trescientas y resto de concubinas. No daba abasto con las mujeres que tenía a su disposición, no obstante se dejó seducir por la belleza de la mujer del vecino, quien resultó ser la esposa de Urías heteo, capitán del ejército del rey.

Para tratar de ocultar su pecado de haberse acostado con Betsabé, David se le ocurrió mandar a buscar a Urías, el marido, para que viniera a la ciudad, con la intención de que éste fuese a su casa y durmiese con su mujer, para que así el hijo que esperaba Betsabé, pasara socialmente como hijo de Urías y nadie se enterara. En otras palabras, David quiso cubrir el pecado.

¿Cuántos hombres hacen lo mismo que David? Tienen sus necesidades sexuales suplidas en su casa. Pero en vez de estar de pie de guerra, están de ociosos en su vida espiritual y se ponen a mirar y les entra por los ojos la codicia de la carne, en la mujer ajena.

Luego, al igual que David, muchos quieren encubrir el pecado. Y como en ese caso, el pecado les arrastra a otros pecados peores. A veces la misma muerte por la venganza de un marido celoso, la pérdida de su trabajo, un Sida, la pérdida de su hogar, de sus hijos, el robo, la mentira, el asesinato, la muerte, la frialdad y la lepra en su vida espiritual.

David planificó su plan mentiroso, quería salir del problema a través del engaño para ocultar el pecado. Sin embargo, Urías llegó a la ciudad pero dice la Biblia, que como era un hombre digno, se negó a subir a su casa a dormir con su mujer y a lavarse, mientras sus hombres estaban en guerra.

Así es que David, viendo que este plan no resultó, mandó por la mano del mismo Urías, a su regreso al campo de batalla, un mensaje a Joab, jefe de los escuadrones, para que pusiese a Urías en la línea del frente de batalla. En otras palabras, mandó a que pusiesen a Urías como "carne de cañón", es decir, prácticamente lo mandó a matar para encubrir así su pecado.

"LA PAGA DEL PECADO ES MUERTE"

Muchas veces ignoramos los principios de las leyes espirituales de Dios, entre estos principios hay uno que establece que la paga del pecado es muerte. En el Antiguo Testamento podemos ver que una señal de esta sentencia de muerte a causa del pecado, se manifestaba en la muerte del hijo primogénito del rey David con Betsabé esposa de Urías heteo. Al nacer el niño, se enfermó y así David experimentó el rigor de esta ley espiritual, sufriendo la disciplina de Dios a consecuencia de su pecado. Aquel hijo, primogénito de su relación con Betsabé a quien tomó como esposa a la muerte de Urías, ese hijo suyo que fuera concebido en su relación adúltera con Betsabé murió recién nacido.

Algunos hombres, algunos padres de familia, comenten adulterio y no se detienen a considerar el hecho de que la paga del pecado es muerte. Y en ocasiones esa muerte se manifiesta como consecuencia sobre sus hijos. Son ellos quienes terminan pagando las consecuencias de las puertas espirituales que sus padres han abierto. Por eso, algunos se enferman y aun llegan a morir, quedando expuestos a los ataques de Satanás, porque ciertamente no podemos ignorar que "la paga del pecado es muerte".

AUTORIDAD

El cargo de esposo conlleva en sí autoridad. Esta jerarquía es otorgada por Dios, viene automáticamente con el cargo de marido. Esta autoridad nada tiene que ver con el hecho de que el esposo sea consciente o no de que la posee.

Es más, aunque él nunca la ejerza, no la comprenda, o simplemente la ignore, la realidad es que la tiene. El esposo tiene la autoridad gubernamental, dada por Dios. Esta fue establecida por Dios, y la Biblia dice que toda autoridad es establecida por Dios. También dice la Biblia, que el que resiste a la autoridad acarrea condenación para sí mismo.

Todo marido está capacitado y fue ungido por Dios para ejercer la autoridad sobre su esposa e hijos. Esta facultad le pertenece, es suya automáticamente, no tiene que ejercitarla, merecerla, nada de esto. Simplemente es uno de los beneficios de la posición de esposo, es irrevocable, no se vence, siempre le pertenece, aunque él no ejerza la posición como cabeza de hogar, sino como pie.

Si tú tienes un auto guardado, y además en la mesa de noche tienes unos documentos que acreditan que ese vehículo es tuyo, pero aunque lo es, si no tomas la llave y lo enciendes para salir a manejarlo, jamás podrás disfrutarlo. Así mismo, si tú no tomas las llaves de la autoridad en tu mano y te sientas detrás del volante para conducir a tu familia, jamás disfrutarás de lo que Dios te dio.

Si la esposa resiste la autoridad de su esposo, entonces lo que sucede, según la Palabra de Dios, es que ésta se acarrea condenación para sí misma. Si el esposo no ejerce la autoridad que le corresponde, habrá desorden en el hogar, porque si la cabeza está mal, todo el cuerpo estará mal. Es privilegio implícito a la posición de esposo, según el diseño de Dios.

Cuando un hombre a través del conocimiento de la Palabra de Dios, entiende esta realidad y acepta por fe la responsabilidad de ejercer esa autoridad espiritual sobre su familia, Dios lo va a respaldar, porque esa es su perfecta voluntad para los maridos.

"Es que mi esposa no reconoce esa autoridad en mí, ¿qué debo de hacer?"

Levántate en fe bajo la unción del Espíritu Santo y ejerce esa autoridad de líder que Dios te dio. Aunque tú no la sientas, esto es por fe. Verás cómo tu esposa reconocerá esa autoridad de Dios en ti, la apreciará y la respetará.

CUIDADO CON LA SEDUCCIÓN

Como evangelista que viaja a muchos países ministrando la Palabra de Dios a la mujer hispana, una de las quejas que más escucho es en referencia a la infidelidad de los maridos. En algunos casos, la intrusa adúltera logra separar definitivamente a la pareja; en otros casos, la relación adúltera hace estragos en la pareja y deja profundas huellas en el corazón de la mujer.

La Biblia aborda abiertamente el tema. Un ejemplo clásico sobre lo que es el espíritu de seducción lo podemos encontrar en el libro de los Jueces, capítulo 14, en la historia del ingenuo Sansón.

Sansón era un hombre fuerte y poderoso, sabio, sin embargo tenía una gran debilidad: Las mujeres. A causa de ellas, Sansón vivió experiencias muy negativas. Te sugiero que las leas en el libro de los Jueces, capítulos del 14 al 19.

Entre las mujeres en la vida de Sansón, hubo una llamada Dalila, quien lo sedujo con zalamerías y engaños una y otra vez, hasta que por fin logró que le revelara el secreto de su gran fortaleza. Una vez que Sansón le reveló a Dalila la verdad sobre la causa de su incomparable fortaleza la cual eran sus largos cabellos, ella se lo comunicó a sus enemigos y éstos vinieron, le cortaron el pelo y le sacaron los ojos. Luego lo pusieron como escarnio. A la postre Sansón se suicidó y, con su muerte mató a miles de filisteos.

Las mujeres seductoras se parecen mucho a Dalila. Venden secretos y ellas mismas se entregan al mejor postor. Los enredos de este tipo tienen las mismas consecuencias que tuvo Sansón: Se debilitan tus fuerzas, se ciegan tus ojos, eres escarnio a todos y tu fin será igualmente destrucción y muerte.

Cuídate de la mujer astuta, que trata de seducirte con dulces palabras, porque el fin que te espera es destrucción y muerte. El dejarte llevar por la seducción femenina y sucumbir a la tentación seductora de mujeres inescrupulosas que, como Dalila, utilizan el arma poderosa de la belleza para llevar a los hombres cautivos a su propia ruina y autodestrucción. No son empolvadas historias de la Biblia, sino que siguen estando vigentes cada día en nuestra sociedad.

EL ARMA SECRETA DE LA SEDUCCIÓN

Las mujeres tenemos una arma secreta: El arte de la seducción. Este arte nos fue concedido por Dios y es parte del atractivo y de la gracia de ser mujer.

La seducción es un ingrediente precioso que Dios nos regaló para usarlo, adecuada y santamente en intimidad con el varón que Él tenga dispuesto como nuestro esposo y compañero. Ciertamente este arte no es para las mujeres necias sin temor de Dios, para que lo anduviesen utilizando fuera de tiempo, seduciendo por el camino a todo hombre que encuentren a su paso, los cuales como carneros van mansamente al matadero y se dejan engañar. Escucha mi consejo. Sé astuto, y escapa por tu vida.

Tanto en los libros de historia, como entre los clásicos de la literatura podemos leer historias de hombres que al dejarse seducir por mujeres inescrupulosas, perdieron sus matrimonios, hijos, negocios, reinos, dinero, moral, felicidad, salud, honra, honor, patria y algunos todas sus posesiones. Muchos perdieron aun más: el verdadero amor por una infatuación pasajera.

LOS CONSEJOS DEL SABIO REY SALOMÓN

Si alguien sabía mucho acerca de las mujeres, fue precisamente Salomón. Escuchemos sus consejos.

Proverbios 5:3-12

Porque los labios de la mujer extraña destilan miel, y su paladar es más blando que el aceite; mas su fin es amargo como el ajenjo, agudo como espada de dos filos. Sus pies descienden a la muerte; sus pasos conducen al Seol. Sus caminos son inestables; no los conocerás, si no considerares el camino de vida. Ahora pues, hijos, oídme, y no os apartéis de las razones de mi boca. Aleja de ella tu camino, y no te acerques a la puerta de su casa; para que no des a los extraños tu honor, y tus años al cruel; no sea que extraños se sacien de tu fuerza, y tus trabajos estén en casa del extraño; y gimas al final, cuando se consuma tu carne y tu cuerpo, y digas: ¡Cómo aborrecí el consejo, y mi corazón menospreció la reprensión...!

Proverbios 7:10-23

Cuando he aquí, una mujer le sale al encuentro, con atavío

de ramera y astuta de corazón. Alborotadora y rencillosa, sus pies no pueden estar en casa; unas veces está en la calle, otras veces en las plazas, acechando por todas las esquinas. Se asió de él, y le besó. Con semblante descarado le dijo: Sacrificios de paz había prometido, hoy he pagado mis votos; por tanto, he salido a encontrarte, buscando diligentemente tu rostro, y te he hallado. He adornado mi cama con colchas recamadas con cordoncillos de Egipto; he perfumado mi cámaras con mirra, áloes y canela. Ven, embriaguémonos de amores hasta la mañana; alegrémonos en amores. Porque el marido no está en casa; se ha ido a un largo viaje. La bolsa de dinero llevó en su mano; el día señalado volverá a su casa. Lo rindió con la suavidad de sus muchas palabras, le obligó con la zalamería de sus labios. Al punto se marchó tras ella, como va el buey al degolladero, y como el necio a las prisiones para ser castigado; como el ave que se apresura a la red, y no sabe que es contra su vida, hasta que la saeta traspasa su corazón.

Proverbios 23:27-28
Porque abismo profundo es la ramera, y pozo angosto la extraña. También ella, como robador, acecha, y multiplica entre los hombres los prevaricadores.

Hermano, asimila los consejos de Dios a través de los imperecederos proverbios del sabio rey Salomón, puesto que no hay nada que añadir a sus palabras.

EL SIDA

Romanos 1:27
Y de igual modo también los hombres, dejando el uso natural de la mujer, se encendieron en su lascivia unos con otros, cometiendo hechos vergonzosos hombres con

hombres, y recibiendo en sí mismos la retribución debida a su extravío.

Enfermedades como el Sida, que son plagas, muchas veces se desencadenan como consecuencia del pecado. Notemos lo que dicen las Escrituras en Romanos: "Recibiendo en sí mismos la retribución de su pecado".

Hoy día cualquier hombre tiene que ser consciente al involucrarse en relaciones sexuales fuera del matrimonio, sobre el grave riesgo al cual está exponiéndose y no solo a sí mismo, sino lo que es aún más serio a considerar, a su esposa y por ende a sus hijos sean estos que hayan nacido, o que aún estén gestándose en el vientre su esposa. El riesgo se extiende hasta aquellos hijos que aun ni siquiera han engendrado. La contaminación a que se expone un hombre, al participar de relaciones sexuales adúlteras van más allá de las consecuencias de orden espiritual, sino que por seguro se contaminará moral, social, familiar y psicológicamente.

Las relaciones extramaritales, que lamentablemente en tantas ocasiones son enfocadas con frivolidad a la ligera, pueden muy bien desencadenar en la vida del adúltero una verdadera tragedia. Son alarmantes las estadísticas de la proyección que alcanza la propagación de esta enfermedad a niveles de plaga.

Sé de un caso en particular que a través de la infidelidad de un esposo, cuando no solamente fue contagiado con el síndrome de inmunodeficiencia, Sida, sino que también fue contagiada su esposa, que estaba embarazada y además, desdichadamente el bebé nació HIV positivo. Lamentablemente, este no es un caso aislado, sino que las encuestas arrojan que el ritmo de propagación del Sida es realmente escalofriante y va en continuo asenso.

Creo firmemente que hoy por hoy, más que nunca, el esposo infiel no tiene el derecho ni ante Dios, ni ante los hombres, de poner en riesgo la salud y aun la vida de su esposa e hijos, por participar del pecado de infidelidad.

Una esposa que confiadamente tiene relaciones sexuales con su esposo sin protección, no merece ser expuesta deslealmente a la enfermedad y a la muerte que es algo muy injusto. No es justo que ninguno de los cónyuges exponga la salud de su pareja a una "ruleta rusa" en cada relación sexual.

2 Timoteo 2:22
Huye también de las pasiones juveniles...

Escapa por tu vida, sométete a Dios, resiste al diablo, y él huirá de ti (véase Stg. 4:7). Es así de fácil el procedimiento y consta de tres pasos. El primer paso es muy sencillo: Someterte a Dios; el segundo requiere de toda tu fortaleza, para que puedas resistir la tentación. ¿La puedes resistir? Para luego, obtener el resultado, la promesa de Dios es que el diablo huirá de ti, es decir que esos deseos engañosos de tu carne huirán de ti.

LA BIBLIA DICE QUE DIOS ES FIEL ¿LO ERES TÚ?

Dice la Palabra de Dios que Él es fiel y verdadero. La fidelidad es sustancia del carácter de Dios. La infidelidad por ende es entonces característica del diablo ya que esta es su naturaleza. Dice la Palabra de Dios que desde el principio el diablo es infiel.

Cuando eres fiel estás mostrando y funcionando según la naturaleza de Dios que es fiel y cuando eres infiel estás actuando de acuerdo a la naturaleza del infiel (el diablo).

¿Es Dios tu Padre? ¿Actúas de acuerdo a la fidelidad

de su naturaleza? Dios es siempre fiel. Hermano, tu Padre Dios es fiel y verdadero. ¿Lo eres tú?

LIBÉRATE DE ESA ABSURDA HERENCIA DE MACHISMO LATINO

En América Latina existe lo que comúnmente llamamos el doble estándar de conducta. Nos criamos, y por ende criamos a nuestros hijos bajo este concepto de que al varoncito se le estimula a ser promiscuo como señal de machismo a la latina, sin embargo, a la niña no.

Ejemplo:

—Oye Carlitos, ¿cuántas novias tienes? —pregunta el tío—, mientras el padre contesta orgullosamente:

—Este muchacho salió igual al tío Clemencio. No perdona ni una, tiene como diez muchachitas por el barrio.

En cambio a la niña le dicen:

—¡Cuidadito, no quiero verla jugando con un hombre...!

El consejo es tener equilibrio. Cría a tu hijo y a tu hija bajo la instrucción de la Santa Palabra de Dios.

"INSTRUYE AL NIÑO EN SU CAMINO"

Proverbios 22:6
Instruye al niño en su camino, y aun cuando fuere viejo no se apartará de él.

La palabra "instruir" significa entrenar, enseñar, supervisar a la persona a realizar una tarea hasta que sea capaz de realizarla a la perfección por sí misma. Dios nos pide como padres que entrenemos, que instruyamos a nuestros hijos en las cosas pertinentes al camino de la vida.

A TI TE VAN A PEDIR CUENTAS

La posición de esposo y padre de familia es equivalente a la de jefe, líder o capitán del barco familiar. A la hora de rendir cuentas sobre la condición de la vida espiritual de tu familia, ¿sabes a quién Dios le va a pedir cuentas? Pues a ti.

Cuando en un negocio o empresa sucede algo, ¿a quién le reclaman? ¿No es precisamente al jefe? Sobre el que está encargado es sobre quien recae la responsabilidad. No sobre el subalterno o el empleado, sino sobre la persona responsable, sobre el líder, sobre el jefe o quien sea que esté ejerciendo la autoridad. ¿Es verdad?

Pues así mismo sucede en el orden espiritual, es a ti varón, como jefe, como líder espiritual de tu familia, a quien Dios le va a pedir cuentas por la empresa familiar. Entonces no le podrás responder así: "Bueno, Señor, es que mi mujer..., es que mi suegra...." No podrás evadir tu responsabilidad. Porque Dios te dirá: "¿Acaso no te di a ti la posición, la autoridad como gerente, presidente, director de la empresa familiar?"

¿Quién es el jefe en tu hogar? ¿Quién es el capitán del barco familiar? Acaso ¿no eres tú? ¿No sabes cómo ejercer este liderazgo? ¿Tienes falta de sabiduría? Pues la Palabra de Dios dice que le pidas a Él, quien te dará sabiduría en abundancia.

Hermano amado, ora para que el Señor te revele la posición que te pertenece como líder espiritual de tu familia. Así como para que te dé la sabiduría y la fuerza para poder ejercer esa autoridad, bajo la unción del Santo Espíritu.

CAPÍTULO 3

Hijo mío, Dios te dará señal de pacto

Tenemos un amigo en el Perú, líder a nivel internacional de un ministerio orientado hacia la edificación del hombre. Hablando mi esposo y yo con él, nos contaba como cuando su hijo tuvo ocho años conversó de hombre a hombre con él, diciéndole que algún día iba a tener un sueño mojado y que esto sería una señal de pacto por parte de Dios, para mostrarle a que ya se había convertido en un hombre, o sea que Jehová le había levantando como hombre apto para procrear hijos a la casa de Israel.

—Hijito —le dijo—, el día que esto te pase, tu mamá y yo queremos celebrarlo. Quiero que lo participes conmigo en confianza, así con tu mamá y con tus hermanas iremos a cenar a un restaurante para celebrar la señal por parte de Dios sobre tu vida. También te entregaremos este anillo que hemos comprado para ti con el escudo de la familia, para colarlo en tu mano y puedas hacer un pacto con el Señor de guardarte en santidad y en pureza hasta que Él te entregue la mujer de tu pacto.

Cuando nosotros como padres, valientemente y en santidad abordamos sin temor el tema de la sensualidad con nuestros hijos, dándole carácter y propósito santo de acuerdo al plan perfecto de Dios, el enemigo simplemente no podrá tomar ventaja sobre esa área tan importante de nuestros hijos.

¿Has hablado con tus hijos sobre el tema de su sensualidad?

Del mismo modo que nuestro amigo le habló a su hijo, su esposa le habló a sus dos hijas, explicándoles que algún día experimentarían un leve sangramiento vaginal y que esto sería una señal por parte de Dios de que Él las había capacitado para ser madres. También les explicó que sus cuerpos irían sufriendo cambios paulatinamente, o sea que habrían de experimentar una metamorfosis en la cual sus cuerpecitos de niñas se irían lentamente transformando en cuerpo de mujer. Este proceso significaba que ya estarían aptas biológicamente para procrear, a su tiempo dentro del santo vínculo del matrimonio, cuando Dios las entregará al hombre de su pacto, el cual según su propósito y plan perfecto les daría amor y cobertura, así podrían aportar hijos santos al reino de Dios.

Cuando esta señal se manifestara en ellas, ellas deberían de avisarle a mami para así poder salir a comer junto con papi y su hermano a celebrar la señal de Dios sobre sus vidas. Aquel día, tanto papi como mami, les iban a entregar una cadena de oro para ponerla alrededor de su cuello como, simbólicamente, señal de pacto de ellas con Dios de guardarse vírgenes y santas hasta el día de su boda.

TUS HIJOS E HIJAS HARÁN PACTO DE SANTIDAD

Conozco congregaciones donde los jóvenes hombres y mujeres hacen pacto de santidad delante del Señor de guardarse vírgenes hasta el día de sus bodas. Esto ciertamente es de Dios.

MÁNDALE FLORES A TUS HIJAS

Mi amigo pastor enseña a los hombres diciéndoles así: "Varón, ama a tu hija, ámala como las mujeres necesitan ser amadas, halágala, dile que ella es la niña más linda del mundo. Haz esto con cada una de tus hijas en particular individualmente, que se sientan especiales.

SÉ TÚ EL PRIMERO EN HALAGARLA

La primera caja de bombones que tu hija debería de recibir debe ser de parte tuya, papá. Así también como la primera tarjeta el día de la amistad, el primer peluche, el primer ramo de flores, la primera cita a un restaurante, o a pasear debería de ser contigo, papá.

Este hermano nos contó, como tenía por costumbre mandarle a menudo flores a su esposa y también a sus dos hijas. Además de vez en cuando les traía, sin motivo especial, algún regalito como unos chocolates, solamente para halagarlas y hacerlas sentir especial. Hombre sabio que sabe y conoce las necesidades del corazón de una mujer. Le dejaba notitas amorosas por debajo de las almohadas, sobre la mesa de noche, en la cartera, diciéndoles cuán especial eran ellas para él. Este papá aun les pide a sus hijas una cita especial para ir al cine o a cenar con cada hija en particular.

NADIE PODRÁ SEDUCIR A TU HIJA CON UNA CAJA DE BOMBONES

Amado hermano, quiero que sepas que si sigues este lindo ejemplo para con tus hijas, no podrá venir ningún hombre a seducírtelas con un regalito de cualquier cosa. Si tú reafirmas en tu hija ese amor a través de la aceptación, y le inculcas los valores de la Palabra de Dios a través de modelarle a Cristo con tu ejemplo, no a la fuerza, ni con religiosidad y legalismo, sino con sabiduría y en amor, te garantizo que tu hija será una mujer segura de quién ella es en Cristo.

Dale a tus hijos el ejemplo amando y tratando a tu esposa como vaso más frágil. Si tu hija se siente amada y aceptada por ti, si ve que tú amas y aceptas a tu esposa, entonces podrá ser una persona adulta madura y balanceada, disponible para amar y ser amada.

Cuando una niña crece en un hogar donde el padre haya ejercido la autoridad, y haya sabido establecer en ella esos valores en la Palabra de Dios, dándole refugio y amor, entonces de seguro esa niña se convertirá en una mujer que no andará buscando inconscientemente amor, aceptación, refugio y protección en el primer hombre que se le acerque a decirle un piropo.

Tu hija no tendrá esa ansiedad que sienten muchas adolescentes por sentirse amadas y protegidas, porque ha recibido amor, protección y aceptación de ti. ¿Lo estás haciendo con tu hija? Si aún no, ¡empieza ya!

La niña que crece sin recibir del padre, autoridad, refugio, protección, aceptación y amor, automáticamente se hace vulnerable, a causa de la necesidad emocional que siente de sentirse protegida, amada y aceptada. Será fácil caer en fornicación, no por una necesidad sexual, sino por una necesidad emocional.

ME DIVORCIO Y PUNTO

Ciertamente el divorcio no es la perfecta voluntad de Dios para nuestras vidas, ya que la Palabra de Dios dice que fue Él mismo quien instituyó el pacto del matrimonio. "Por tanto, dejará el hombre a su padre y a su madre, y se unirá a su mujer, y serán una sola carne" (Gn. 2:24). Dios no instituyó el divorcio, sino que las Escrituras dicen que lo permitió a causa de la dureza de corazón de su pueblo.

El matrimonio es un pacto entre un hombre y una mujer, y los pactos son para toda la vida. O sea, el pacto del matrimonio es hasta que la muerte los separe y que nadie separe lo que Dios unió.

Un "slogan" de un ministerio para matrimonios dice de este modo: Amistades largas, muy largas; noviazgos cortos, muy cortos y matrimonios para toda la vida.

DIOS PERDONA EL DIVORCIO, ÉSTE NO ES EL PECADO IMPERDONABLE

Ahora bien, si eres divorciado ten por seguro de que no hay condenación para ti. Dios es especialista en restauración, y Él restaura a los divorciados.

Tampoco el divorcio, aunque sea pecado, es el pecado imperdonable. Es un pecado, sí, pero como pecado Dios lo perdona. ¿Pudieras tú acaso perdonar la infidelidad de tu esposa?

Conozco hombres que siendo muy hombres, varones de Dios, lo han hecho. Y Dios, que es tan bueno y se especializa en restauración, restaura a cualquier persona divorciada que busque de Él.

Te recomiendo leer el libro del profeta Oseas. Ahí Dios hace una comparación entre su pueblo y "una mujer fornicaria" (Os. 1:2) a la cual recoge de la calle para traerla al hogar. Allí le da refugio, hijos, pacto, y ella se vuelve a sus inmundicias, pero Él la vuelve a rescatar de sus fornicaciones y de nuevo la trae a la casa y la perdona.

¿QUÉ ES EL AMOR?

1 Corintios 13:4-8

El amor es sufrido, es benigno; el amor no tiene envidia, el amor no es jactancioso, no se envanece; no hace nada indebido, no busca lo suyo, no se irrita, no guarda rencor; no se goza de la injusticia, mas se goza de la verdad. Todo lo sufre, todo lo cree, todo lo espera, todo lo soporta. El amor nunca deja de ser.

Soy del sentir de que todos los cristianos deberíamos aprender esta porción de las Escrituras de memoria. ¿Para qué? Pues para estar auto analizándonos a cada rato. ¿Amo en realidad?

Voy a "revisar" mi corazón a través del filtro de 1 Corintios 13. ¿Es mi amor sufrido? Eso quiere decir que no me quejo. ¿Tengo envidias? ¿Me jacto? ¿Me envanezco? ¿Ando buscando mi propia satisfacción, mi propio provecho, mi propio bien? ¿O por el contrario el de mi compañera?

¿Me irrito o enojo fácilmente? ¿Ando quejándome de todo, o por el contrario sufro en silencio? ¿Le creo a mi pareja? ¿O por el contrario, estoy más bien siempre celoso, albergando dudas, sospechas o desconfianza? ¿Espero lo mejor de ella? ¿O siempre la critico, reprimo, comparo o exijo?

¿La soporto o soy yo el insoportable? ¿Dejé de quererla o es mi amor inamovible, comprometido para toda la vida? ¿Le demuestro a mi mujer que la amo incondicionalmente? ¿O la última vez que le demostré mi amor, o se lo verbalicé, fue en el pasado milenio?

En realidad las preguntas de 1 Corintios 13, que nos dan pie para reflexionar, serían infinitas.

"ES QUE DEJÉ DE AMAR A MI MUJER"

¿Quieres que te diga mi opinión? ¿Sí? Pues bien, esta es una mentira del diablo, porque el amor, el que es de Dios, el verdadero, el ágape, nunca deja de ser. El verdadero amor es el que prevalece, es el que permanece, porque el amor no es un sentimiento. El amor es mucho más que un sentimiento, es más bien, una firme e inconmovible decisión de fe.

El amor verdadero no depende de sensaciones

románticas en nuestro engañoso corazón. Ni tampoco depende de las pasiones o de ese: "Te quiero, no te quiero", que deshoja margaritas. El amor ágape de Dios es el amor perfecto y santo de Dios, Ese es aquel que necesitamos desarrollar dentro del vínculo del pacto matrimonial.

Aunque es necesario también que entre la pareja se experimente el amor fileos, ese amor filial es muy importante para la salud de la relación de la pareja. La capacidad que un matrimonio tenga para desarrollar entre ellos una relación de amistad. Llegar a ser buenos amigos, capaces de participar sus intereses, divertirse juntos, jugar juntos y disfrutar de la vida, es vital para el sano funcionamiento de la pareja en armonía.

La amistad construye lazos entre la pareja, por increíble que parezca. Hay matrimonios que tienen 25 ó 30 años de casados y no desarrollaron una relación de amistad. Son marido y mujer, pero entre ellos no existe la camaradería de una amistad verdadera. Simplemente son un hombre y una mujer que quizás hasta tengan varios hijos en común, propiedades en común, y un amarillento documento legal archivado que certifique que están casados, pero el divorcio emocional ya hace muchos años que ocurrió entre ellos.

¿Es tu esposa, tu amiga? ¿Quisieras que lo fuera? Nunca es tarde para empezar. ¿Quién dará el primer paso? ¡Ojalá fueses tú!

EL AMOR ES MÁS QUE UN SENTIMIENTO

El amor es como un fuego al que hay que echarle leña cuando vemos que se está apagando la llama.

El amor es como un jardín que hay que cultivarlo, abonarlo y regarlo para que florezca. El amor es como un huerto que si no labramos, no da fruto. Hay que darle calor para que no se enfríe, hay que removerlo para que no se asiente, hay que sazonarlo para que no se haga insípido, hay que reavivarlo para que no perezca, y además, hay que ponerle color para que no se decolore. En otras palabras, somos responsables de mantener vivo el amor.

El hombre es conquistador por naturaleza, la mujer, conquistada. El hombre sabio no deja nunca de mantener activo dentro de sí mismo ese instinto de conquistador. La mujer sabia siempre deja un área para ser conquistada.

"¡NECESITAMOS ROMANCE!"
gritamos UNÁNIMES el gremio femenino

Como conferencista para mujeres, con experiencia en hablarle a miles, te puedo garantizar que las mujeres por regla general anhelamos, deseamos, pero sobre todo necesitamos el romance. Somos románticas, no lo podemos evitar.

Los hombres responden sexualmente a estímulos visuales. Son seducidos y estimulados por medio de lo que ven. La belleza femenina, la apariencia hermosa de la mujer los cautiva y en lo natural, los hombres son atraídos y seducidos por el sentido de la vista. Un hombre mira a una mujer hermosa que está semivestida e inmediatamente se siente atraído sexualmente hacia esa mujer por lo que ve, y él ya está listo para intimar sexualmente con esa mujer en lo natural.

Esta es la asociación que hace el hombre:

Estímulo visual = deseo = sexo.

Las mujeres:

Romance = amor = deseo = sexo.

El hombre no hace la conexión que hacemos las mujeres, entre el romance y el amor para llegar al sexo. El hombre se estimula a través del sentido de la vista, es atraído por los ojos hacia la belleza de la mujer y esto es suficiente para querer una relación sexual. El varón no necesita de las flores, ni de la cancioncitas románticas, ni de las poesías, ni de las promesas de amor para toda la vida.

ATRACCIÓN VISUAL = SEDUCCIÓN = DESEO = SEXO

Dime varón, ¿acaso no es así? No así nosotras las mujeres ¡Oh no! Nosotras a diferencia de los varones, llegamos al sexo por amor, o sea, hacemos la conexión psicológica romance = amor = sexo y llegamos a consentir, permitir y desear el contacto sexual pidiéndole permiso al corazón, a través del romance.

Mis amados, métanse esto en la cabeza, somos distintos. El romance es importantísimo para nosotras las mujeres. Lo necesitamos de veras, deseamos sabernos amadas, sentirnos que somos especiales, deseadas, bellas y exclusivas, pero sobre todo, amadas y aceptadas.

Apreciamos el perfume, la cartita de amor, las flores, los pajaritos volando, los detalles, etc. Es que somos así. Nosotras tenemos esta idea fija del romance. Queremos a nuestro príncipe azul.

Parece ser que el cuento de la Cenicienta de Walt Disney nos ha traumatizado. El hombre sabio sin duda es aquel que entiende la naturaleza de la mujer, y comprende y asimila las diferencias entre su naturaleza y la de su esposa. El hombre sabio es aquel que pacientemente sabe complementar esas áreas en las que somos tan distintos, para satisfacer las necesidades emocionales de su esposa antes de hacerle el amor.

Nosotras requerimos de un período de preparación más largo. Somos seres trinos, espíritu, alma y cuerpo, y el hombre sabio sabe preparar a su esposa espiritualmente para un encuentro de almas, sabe primero acariciar su alma antes de llegar a su cuerpo.

¿Quieres tener buen sexo con tu esposa por la noche? Pues empieza a preparar el ambiente a la hora del desayuno, dile un piropo, hazle un halago, acaríciala.

SOMOS TODO OÍDO

Así como los hombres son estimulados por lo que ven, nosotras, las mujeres somos estimuladas por lo que oímos. Por eso preguntamos: "¿Tú me amas?", "¿no me vas a dejar nunca, mi amor?", "¿no vas a querer a otra?"

¿Cuándo oíste que un hombre pregunte semejante cosa? ¿Por qué preguntamos eso? Pues porque necesitamos sentirnos amadas. Para eso nos creó Dios, necesitamos sentirnos protegidas. "¿No me vas a dejar?"

Por eso el hombre sabio sabe que a ella le encanta que le traiga una flor, que le envíe una tarjeta con corazones, que le diga que está linda, que le regale un perfume, que le diga que está bella, que nunca la va a dejar, que no hay otra como ella, etc.

¿Y sabes una cosa? Ella se lo cree. Necesita tan desesperadamente sentirse deseada, protegida, amada y especial, que se lo creerá. Definitivamente necesita saber que para ti, ella es única y especial. Eso es ser sabio. ¿Lo eres tú?

Nosotras sabemos que los hombres necesitan ser estimulados por la vista. ¿Qué mujer no lo sabe? ¿Qué mujer no se arregla?

Así es que como Dios nos dio el encanto, el arte de la seducción, sabemos cómo atraer y seducirlos. Casi todas somos muy sabias en este sentido. Porque Dios nos hizo así; y para agradarles a nuestros esposos nos maquillamos, nos echamos perfumes, nos ponemos vestidos atractivos. Esa es la naturaleza de la mujer.

El hombre no piensa en estar atractivo, ponerse perfume o arreglarse para un encuentro íntimo. Muchos hombres después que se casan son muy poco delicados para con sus esposas y no se afeitan, o perfuman, ni se peinan, incluso ni se lavan los dientes a la hora de hacer el amor con sus esposas.

En consejería, muchas mujeres me dicen con tristeza frases como estas: "Mi esposo tiene sexo conmigo todas las semanas, sin embargo hace muchos, pero muchos años que no me ha hecho el amor". Hay hombres que toman la relación sexual con su esposa como una rutina, no la halagan, aun ni siquiera la besan, o se preocupan de que ella tenga deleite, disfrute sexual.

Aun hay algunos que con crueldad la critican antes o después de un encuentro sexual, diciéndole: "estás gorda", o "estás fea", o "no me gusta ese color de pelo o ese perfume". Cuando la mujer se siente rechazada, las raíces se hacen muy profundas, y ella es propensa a caer en un estado de frigidez a nivel emocional. Por eso es por lo que todas las mujeres nos arreglamos y nos peinamos de un modo diferente cada mes para lucir bellas, porque sabemos que para los hombres esto es importante. Lo hacemos instintivamente, porque lo sabemos sin que nadie nos lo haya enseñado.

La Palabra de Dios dice: "...pero la casada tiene cuidado de las cosas del mundo, de cómo agradar a su marido" (1 Co. 7:34). ¿No te gusta cuando tu esposa se pone linda, perfumada y atractiva para ti? ¡Claro que sí!

Bueno, pues, entonces tú también por favor aféitate,

péinate, échate colonia, lávate los dientes, y de paso haz unas gargaritas de un enjuague para la boca antes de insinuarte a tu esposa. Por amor, por cortesía, y para tener una mejor relación sexual.

COMIENZA EL ROMANCE DESDE LA MAÑANA

Uno de los errores que más frecuentemente cometen los hombres casados, es el de hacerle la insinuación del preámbulo del cortejo sexual a su esposa cinco segundos antes de iniciar la relación íntima con ella. ¡Eso no funciona así! Recuerda que nosotras necesitamos que nuestro corazón nos dé permiso para poder iniciar la actividad sexual. Recuerda que la conexión psicológica de nosotras es: Romance = amor = sexo.

Si tú quieres tener una buena relación sexual con tu esposa por la noche, comienza desde la mañana a preparar el ambiente, hazle un halago, dile un piropo, abrázala, dale un beso, dile que la amas, tráele flores, déjale una notita debajo de la almohada. Así como los hombres son estimulados por los ojos, nosotras por el oído.

Francamente los hombres nos pueden desfilar en calzoncillos multicolores por delante un millón de veces, que ni nos inmutamos. Mas bien, si estamos mirando la televisión, con mucha cortesía les vamos a pedir que se retiren de frente de la pantalla porque estamos mirando el noticiero. Sin embargo, nosotras somos estimuladas a través del sentido del oído. Lo que oímos eso, sí que es importante. Tú no ves que somos nosotras quienes preguntamos: "¿Me amas?", "¿me vas a amar para toda la vida?"

Los hombres muy pocas veces, si no ninguna,

preguntan: "¿Me amas?" Ni muchísimo menos esa pavada de "¿me amarás para toda la vida?" Mas bien somos nosotras quienes lo preguntamos: "¿Me amas, papito?", "¿me vas a amar para siempre?, "¿no me vas a dejar nunca?" ¿Conoces algún varón que pregunte semejante cosa? ¡No!, ¡claro que no!

La queja que más escucho de las mujeres en los seminarios es precisamente sobre la falta de ilusión y de romance que existe en sus matrimonios. Sé sabio y enciende el romance en tu relación de pareja. Si desde el pasado milenio, no le has dicho a tu esposa: "Te amo", ¿qué esperas?

Te sugiero que se lo digas hoy mismo, créeme, esto te conviene. Si deseas tener una sana, ardiente y apasionada vida sexual, tus palabras de amor, aceptación, reconocimiento y apoyo a tu esposa son definitivamente muy importantes.

¿Y SI ENTRARA UN LADRÓN?

En una oportunidad una amiga mía le preguntó a su esposo: "Oye, mi amor, y si entrara un ladrón en la casa a media noche ¿qué harías tú?"

Para sorpresa suya, el esposo le relató el plan que tenía preconcebido al más mínimo detalle. Tenía planificada toda una estrategia para contraatacar a su enemigo. Un palo debajo de la cama, un revólver debajo de su almohada, el celular en la mesa de noche, una linterna en la gaveta, el teléfono de la policía en directo, un botón que al tocarlo encendería automáticamente todas las luces de la casa y dispararía la alarma; en fin, todo estaba fríamente calculado para poder defenderse del intruso ladrón.

En aquel hogar había varios hijos adolescentes que

estaban pasando por las etapas difíciles y típicas del período de la pubertad. Entonces ella confrontó a su esposo con esta pregunta: "Dime una cosa, mi amor, si tienes todo tan planificado para defendernos de un ladrón que pueda venir a robar la casa, ¿por qué entonces cuando el diablo, el ladrón, que hace rato entró a nuestra casa con la intención de robar, matar y destruir en la vida de nuestros hijos, en nuestras finanzas, en la armonía de la vida familiar, en nuestra salud, he sido yo quien ha tenido que salir a la sala todas las mañanas, empuñando el bate espiritual de la oración para defendernos sus ataques?"

El ladrón viene a nuestra casa, a nuestras vidas para robar matar y destruir. Así es que, de igual modo tenemos que levantarnos para contraatacar utilizando las armas del Espíritu. ¿Tienes tú las armas espirituales listas para resistir al ladrón cuando quiera entrar a tu casa con la intención de robar, matar y destruir? "Porque las armas de vuestra milicia no son carnales, sino poderosas en Dios para la destrucción de fortalezas" (2 Co. 10:4).

TE ACONSEJO QUE RESPETES A TU SUEGRO

¿Eres un hijo de Dios? Si respondiste que sí a mi pregunta es porque eres consciente de haber recibido a Jesús como tu Señor y Salvador, por ende, sin dudas no eres hijo del Padre. "Mas a todos los que le recibieron, a los que creen en su nombre, les dio potestad de ser hechos hijos de Dios" (Jn. 1:12).

¿Es tu esposa también una hija de Dios? Si de igual modo has respondido que sí, que ella es también, al igual que tú, una hija de Dios, eso significa que ella también es hija del Padre.

Por eso, amado mío, precisamente por eso es que te aconsejo que respetes a tu suegro. Si tu esposa es también hija de Dios, hónrala como lo que es, una redimida santa hija de Dios.

Pero si eres soltero, el consejo de Dios para ti es que no te unas en yugo desigual con una incrédula. Simplemente porque no es hija de Dios, ¿de quién crees entonces que será hija? Y entonces ¿quién sería tu suegro?

RAÍZ DE TODOS LOS MALES ES EL AMOR AL DINERO

El dinero ciertamente es bueno; es necesario para casi todo. Es más, es imprescindible para funcionar en nuestra sociedad. Sin dinero no podemos movernos, no podemos comprar ni alimentos, ni vestido, ni servicios, ni gasolina, ni automóviles, ni casas; en otras palabras, sin él simplemente no podemos subsistir. Uno puede tener mucho o poco dinero y todavía saber que es bendecido por Dios. Estar en bendición es tener mucho o poco como Dios da, no solo para ti, sino también para poder dar y bendecir a los demás. Esto es bendición. No es malo tener dinero, por el contrario, es bueno. "La bendición de Jehová es la que enriquece, y no añade tristeza con ella" (Pr. 10:22).

Sin embargo, la Biblia dice: "Porque raíz de todos los males es el amor al dinero" (1 Ti. 6:10). No es la raíz de algunos problemas solamente, sino que establece que la raíz, el origen de todos los males, es el amor al dinero. ¿Hay un contrasentido en esto? ¡Claro que no!

Raíz de todos los males es el amor al dinero. No es el dinero lo que es malo, sino el amor al dinero. Esto es la raíz de todos los males.

¿Amas tú al dinero?, ¿eres avaro? Ahí es donde está el problema. ¡Qué tremendo es que en las Escrituras donde Dios enumera la lista de las cosas por las cuales no se podrá heredar el reino de Cristo, está precisamente la avaricia!

Efesios 5:5
Porque sabéis esto, que ningún fornicario, o inmundo, o avaro, que es idólatra, tiene herencia en el reino de Cristo y de Dios.

Junto a los fornicarios, a los inmundos, allí coloca el Espíritu Santo, inspirador de las Escrituras, a la avaricia, bajo categoría de idolatría. La avaricia es idolatría. En otras palabras, amar el dinero al punto de que este sea el centro de nuestra vida, es idolatría.

Amar al dinero de tal manera que esto entorpezca nuestra relación con nuestro cónyuge, nuestros padres, hijos, socios, o con el mismo Dios, eso sí que es idolatría. Esto es lo que dice la Palabra de Dios.

El dinero es bueno, es una bendición tener riquezas, pero si amamos el dinero, si este nos ciega, si somos avaros, si no le damos a Dios lo que a Él le pertenece, si no diezmamos, si no le ofrendamos, entonces esto es idolatría. Ciertamente podemos entender por qué Dios declara en su Palabra que la raíz de todos los males, es el amor al dinero.

¿Lo amas tú? ¿Podría Dios bendecirte con un una fortuna? ¿Diezmarías? ¿Ofrendarías, si Él te pidiera que de ese dinero sembraras una cantidad que Él te dijera? ¿Obedecerías?

Quizás por tu respuesta, si has sido sincero, comprendas la razón por la cual Dios no bendijo con esa fortuna. Él quiere que tu corazón esté listo para obedecer, y que tus finanzas sean a tu vida de bendición y no de maldición.

¿Sabías que Dios está buscando corazones obedientes

en el área de las finanzas para bendecirlos financieramente? Personas con las cuales Él pueda tratar y que obedezcan en el dar. ¿Podrías ser tú uno de ellos?

¿Sabes que nadie le puede ganar a Dios a la hora de dar? Él siempre sirve con la cuchara más grande. ¿Le das a Él? Dios te dice, pruébame en esto, "si no os abriré las ventanas de los cielos, y derramaré sobre vosotros bendición hasta que sobreabunde" (Mal. 3:10). ¿Actúas tercamente no obedeciendo a Dios, no dando tus diezmos y ofrendas? O por el contrario, ¿te atreves a creerle a Dios?

Cuando por terquedad te niegas a obedecer a Dios, trayendo tus diezmos y ofrendas al alfolí, no solo estás aguantando, paralizando tu bendición financiera, sino que también, como jefe del núcleo familiar, estás atando la bendición financiera y la prosperidad de tu esposa y de tus hijos.

Hermano, ¿quieres ser prosperado? Atrévete a creerle a Dios y a obedecer. ¿Eres obediente en tus diezmos? ¿Ofrendas con liberalidad? Si lo haces puedes experimentar la manifestación de la prosperidad espiritual y financiera sobre tu casa y tu familia. Es promesa de Dios.

HABLEMOS DEL TEMA PROHIBIDO: LAS FINANZAS

Escuché decir a un predicador con mucha razón, que lo último que se convierte es el bolsillo. Sin embargo, es muy importante tener buena mayordomía en el hogar y saber organizarte bien en tus finanzas. Para tener éxito en la vida financiera es imprescindible tener sabiduría para poder vivir organizadamente de acuerdo al presupuesto familiar.

Muchas parejas de matrimonios discuten continuamente a consecuencia de los problemas relacionados con sus finanzas. Sin embargo, nunca han podido ponerse de acuerdo con madurez adulta para sentarse a planificar un presupuesto familiar. Una estrategia para determinar en qué forma podrían hacer un plan de ahorro.

La mayoría de los divorcios que se presentan en las cortes en nuestra sociedad hoy día, según lo muestran las estadísticas, son desencadenados, bien sea directa o indirectamente, como producto de los problemas que surgen entre ellos, asociados con el manejo de sus finanzas.

NO TE COMAS LA SEMILLA, SIEMBRA

Una ley natural determina que todo fruto se reproduce según su genero. Si sembramos melones, por seguro de que cosecharemos melones, y si por el contrario sembramos peras, pues de igual modo cultivaremos peras. Así mismo ocurre en cuanto al mundo espiritual, si sembramos amor ciertamente cosecharemos amor, y si sembramos finanzas en obediencia a Dios, de esas semillas cultivaremos bendición financiera, no solo para nosotros, sino también para nuestra familia.

Nadie puede pararse sobre un campo sobre el cual no ha plantado semilla, ni ha cultivado, ni abonado, ni regado, y reclamar que este campo le dé fruto. Nadie que no ha sembrado ciertamente puede demandar cosecha. ¿Siembras tú finanzas en el reino de Dios? Ciertamente recogerás tu cosecha.

Malaquías 3:6-11

Porque yo Jehová no cambio; por esto, hijos de Jacob, no habéis sido consumidos. Desde los días de vuestros padres os habéis apartado de mis leyes, y no las guardasteis. Volveos a mí, y yo me volveré a vosotros, ha dicho Jehová de los ejércitos. Mas dijisteis: ¿En qué hemos de volvernos?

¿Robará el hombre a Dios? Pues vosotros me habéis robado. Y dijisteis: ¿En qué te hemos robado? En vuestros diezmos y ofrendas. Malditos sois con maldición, porque vosotros, la nación toda, me habéis robado. Traed todos los diezmos al alfolí y haya alimento en mi casa; y probadme ahora en esto, dice Jehová de los ejércitos, si no os abriré las ventanas de los cielos, y derramaré sobre vosotros bendición hasta que sobreabunde. Reprenderé también por vosotros al devorador, y no os destruirá el fruto de la tierra, ni vuestra vid en el campo será estéril, dice Jehová de los ejércitos.

Por fuerte que suene al oído la palabra maldición, es una realidad. La desobediencia a Dios nos coloca fuera de su refugio de protección. "El que habita al abrigo del Altísimo [he aquí una condición] morará bajo la sombra del Omnipotente [he aquí la recompensa]" (Sal. 91:1). Si analizamos esta promesa, como todas las promesas de Dios descritas en su Palabra, éstas vienen como consecuencia de la obediencia a un requisito especifico por parte de Dios, a una condición impuesta por Él.

Para que podamos vivir bajo el amparo, el abrigo del Altísimo, y bajo la sombra, la protección del Omnipotente, tenemos que vivir bajo obediencia al pacto.

En el libro de Deuteronomio, capítulo 28, podemos leer la lista de bendiciones, así como de las maldiciones que siguen, o a la obediencia o a la desobediencia. También en el libro de Deuteronomio, capítulo 14, se describe al detalle la ley del diezmo dada a Moisés.

Deuteronomio 14:22-23

Indefectiblemente diezmarás todo el producto del grano que rindiere tu campo cada año. Y comerás delante de Jehová tu Dios en el lugar que él escogiere para poner allí su nombre, el diezmo de tu grano, de tu vino y de tu aceite, y las primicias de tus manadas y de tus ganados, para que aprendas a temer a Jehová tu Dios todos los días.

Hermano, que no sean tu esposa y tus hijos arrastrados a vivir bajo maldición en el área de sus finanzas, por causa de las malas decisiones de tu parte cuando no obedeciste a Dios en esa área.

Dios ciertamente da pan al que come y semilla al que siembra. ¿Siembras tú? Pues entonces en tu sementera, nunca faltará semilla.

Gran parte del éxito de un hombre estriba en poder alcanzar la capacidad de manejar bien sus asuntos financieros. Un hombre que logre éxito en esta área de las finanzas, la cual dicho sea de paso es un área tan importante en la vida, de cierto, este hombre, podrá ofrecerle a su esposa e hijos estabilidad, y esto es algo que ellos necesitan y aprecian. ¿Le puedes tu ofrecer a tu familia esa estabilidad que necesitan?

EL HOMBRE ES LLAMADO POR DIOS A SER EL PROVEEDOR

La mujer ciertamente puede trabajar. Hoy día la mayoría de las mujeres son profesionales que trabajan. Sin embargo, si la mujer no trabaja cuando sus hijos son pequeños, cuánto mejor.

Aunque la mujer trabaje y ayude financieramente a su esposo, de mutuo acuerdo, la responsabilidad de proveer para el hogar recae, por parte de Dios, sobre el hombre. ¿Sabes que tu esposa no necesita una determinada situación financiera para ser feliz?

Tú puedes ofrecerle a tu esposa una condición "x", o más alta, o más baja. Puedes tener una casa, en una urbanización, más o menos cara, un automóvil más o menos costoso, en fin, un nivel de vida más o menos elevado. Esto no es tan importante para la felicidad.

¿Sabes lo que sí es muy importante?

ESTABILIDAD, BASE PARA LA FELICIDAD CONYUGAL

Nosotras las mujeres podemos manejar un automóvil Chevrolet o un Mercedes, podemos vivir en un apartamento pequeño o en una casa de seis habitaciones, podemos vestirnos con ropa sencilla o con ropa de diseñador, tener unos zarcillos de plata o de oro con brillantes; si tenemos amor y estabilidad... ¡todo está bien!

Conozco mujeres que tienen un automóvil nuevo y costoso, una mansión espectacular, manejan chequeras con muchísimo dinero y no son felices porque sus esposos no le brindan estabilidad. Nosotras necesitamos, en la condición que sea (más o menos, eso es irrelevante), imperiosamente necesitamos tener estabilidad. Pregúnteselo a cualquier mujer, pregúnteselo a tu mamá. Necesitamos sentirnos estables. Necesitamos experimentar estabilidad en nuestros hogares para que nuestros hijos estén estables.

¿Quieres estabilidad en tus relaciones de pareja? Bríndale a tu esposa estabilidad en la vivienda, en las finanzas familiares, en tu trabajo, y estabilidad en tus relaciones de amor hacia ella. Entonces podrás tener un matrimonio feliz y unos hijos estables.

Lo mismo da si come espaguetis con salsa de tomate de lata o filete miñón; eso no es en realidad importante. Lo que sí es muy importante, es que lo que coma tu familia lo coma en un ambiente de amor y paz. Lo que sí es importante, es poder estructurar y mantener un presupuesto familiar bien administrado, o sea, que seas sabio con el manejo de las finanzas de tu hogar, de manera que puedas brindarle a tu familia, quizás no lujos, pero sí el suplir sus necesidades básicas en amor y con estabilidad.

ESO ES FELICIDAD

Mi abuela y mi abuelo fueron muy felices. O sea, que mi abuelo le dio a mi abuela un hogar con paz, amor y con mucha estabilidad. Una mujer que se siente amada tiene estabilidad, una mujer que sabe que tiene sus necesidades básicas y las de sus hijos cubiertas, tiene estabilidad y ésta redunda en una armoniosa y feliz vida matrimonial.

La estabilidad es importante para nosotras las mujeres. ¿Se la brindas tú a tu esposa?

CAPÍTULO 4

¡Olvídate de la lotería! No pongas tu confianza en los juegos de azar

¿Sabías tú que los juegos de azar son pecado? Bien sea un peso, como si fuesen mil. En realidad no depende de la cantidad de dinero que se apueste, o del valor de la prenda que se apueste, más bien depende del grado que se tenga de revelación a la obediencia a Dios.

Jugar a las cartas con tus hijos apostándoles, quizás a darles un viajecito a la pizzería más cercana, eso no es pecado, claro está, tampoco lo es jugar dominó. Por supuesto que muchísimo menos es pecado practicar algún deporte como béisbol, fútbol, con familiares o amigos, ni siquiera si se juega a nivel profesional. Lo que sí es pecado es depositar nuestra confianza en la suerte, poner nuestra fe en los juegos de azar; esto sí es pecado.

Algunos tienen el vicio de jugar, es parte de su sistema de vida. Apuestan lo mismo a los gallos que a los perros o a los caballos. Otros juegan al póquer o a la ruleta, o a las máquinas traga-monedas.

Sin embargo, lo más común es encontrar a los que simplemente juegan los fines de semana su consabido billete de la lotería, por aquello de no dejar pasar la suerte, como dice el mundo: "la suerte es loca y a cualquiera le toca". ¿No lo has escuchado?

Cuando analizamos las estadísticas sobre las posibilidades reales de ganar el "premio gordo de la lotería", nos damos cuenta en efecto que realmente es más probable que nos pueda partir un rayo, literalmente hablando, que sacarnos el primer premio de la lotería.

Esto es lo que aseguran los expertos en este tipo de estadísticas. ¿Qué te parece?

Algunos son jugadores profesionales, y han hecho de los casinos y del juego un medio de vida. Otros incluso llegaron a apostar en una mesa de juego todo cuanto poseían, su casa, su auto, su cuenta de ahorros y hasta su propia mujer, y con ella también su dignidad, quedando en la ruina total, tanto económica como moralmente.

Cuando le abrimos la puerta al espíritu de juego, nos estamos arriesgando a ser dominados por él, hasta que perdemos el control sobre nuestras decisiones y, seducidos por la esperanza de ganar, podemos llegar hasta la ruina.

He escuchado muchos testimonios de padres de familia quienes, segados por un espíritu de juego, han puesto sobre la mesa de las apuestas, mes tras mes, el dinero de la manutención de sus hijos, y aún hasta la mensualidad para el pago de su casa, dejando a la postre a su familia en la calle. Mas nosotros, los hijos de Dios, ciertamente no dependemos de la suerte; de ella dependerá, si acaso, el diablo, y de paso, creo que él siempre la tiene mala. Nosotros, hijos y siervos de Dios, no dependemos de la suerte, sino de su bendición.

"Hermana, pero si yo lo que me juego a la semana son solamente cinco pesitos." ¡Ni cinco pesitos, ni 50 centavitos!

Pon tu confianza, hermano, y tu esperanza, mujer, en Dios, ya que de Él y solamente de Él depende tu provisión. Depende única y exclusivamente de Dios, y no de la suerte, porque ésta es una forma de hechicería. Tu futuro y tu prosperidad no dependen de la suerte, sino de tu obediencia a la Palabra de Dios.

El Señor es solamente tu fuente de provisión. Él es tu

proveedor y es tu ayudador. Tu bendición, tu riqueza viene de parte de Dios, no de la lotería. "La bendición de Jehová es la que enriquece, y no añade tristeza con ella" (Pr. 10:22). Así es la prosperidad que viene de parte de Dios.

Hay quienes ponen la esperanza de hacerse ricos, o de salir de la pobreza fantaseando con la idea seductiva de ganarse la lotería y hacerse ricos de la noche a la mañana. Sin embargo, esto no es lo que enseñan las Escrituras.

Filipenses 4:19
Mi Dios, pues, suplirá todo lo que os falta conforme a sus riquezas en gloria en Cristo Jesús.

Dios es quien te da la habilidad para hacer las riquezas (Dt. 28:1-8). Él es quien te da la fortaleza y la sabiduría para hacer la riqueza, no la lotería.

NO SEAS CELOSO PORQUE LOS CELOS NO SON DE DIOS

Proverbios 6:34-35
Porque los celos son el furor del hombre, y no perdonará en el día de la venganza. No aceptará ningún rescate, ni querrá perdonar, aunque multipliques los dones.

Santiago 3:16
Porque donde hay celos y contención, allí hay perturbación y toda obra perversa.

En 1 de Corintios 3:3, el apóstol Pablo se refiere a los celos como algo carnal. En el libro de Números, capítulo 5, a partir del verso 11, se habla de "espíritu de celos". ¿Son los celos un espíritu? Pueden llegar a serlo. Hay un cierto celo normal entre la pareja enamorada, pero cuando una persona se ofusca, se ciega por ellos. Cuando se vuelve obsesiva y se apasiona, y comienza a ver y a sospechar de todo el que se acerca del sexo opuesto a su pareja, esto no es de Dios. El amor es benigno, es confiado, todo lo cree. No todo lo duda, sino que todo lo cree.

En una persona que se cela hasta de su sombra, lo que está operando es un espíritu de celos. Y el espíritu de celos ciega el entendimiento y domina el corazón, impulsando muchas veces a la persona a actuar irracionalmente.

¿Cuántos crímenes se cometieron en nombre del supuesto amor amancillado por la traición que incitó a los locos celos? Hay sentimientos de celos destructivos que llevan a la persona celosa a querer vengarse de quien lo traicionó, o de quien le dejó de amar.

Huye de este tipo de pasiones carnales, ya que los celos, definitivamente en esta forma, no son de Dios. El que ama, confía; el que ama entra en el reposo de Dios.

¿Y si fuese traicionado? Entonces, hermano, solo te quedan dos caminos: o bien el camino del perdón y de la restauración, cuando hubiese arrepentimiento por la otra parte, o simplemente, el camino de la separación en paz, porque a paz nos ha llamado Dios (1 Co. 7:15).

Hay personas que no tienen espíritu de celos, sino que su problema de celos se desarrolla a nivel psicológico. Es probable que en su familia haya habido repetidamente ese patrón negativo aprendido de conducta. Hay madres que siembran este espíritu en sus hijos, este tipo de información negativa: "Hijo, tú no te confíes en nadie. Todas las mujeres son iguales, no sea que te traicione tu novia, o tu mujer." Y los padres le dicen: "Bueno, hijo, tú sabes, el hombre es hombre; todos los hombres somos iguales, si nos dan oportunidad atacamos. Tú no dejes que se acerquen a tu mujer o tu novia, como sea el caso.

Mira que te la quieren seducir, ten cuidado." ¿Le suenan familiares estas advertencias?

¡Mentiras del diablo! Ni todas las mujeres somos iguales, ni muchísimo menos las hijas de Dios. Las mujeres de Dios tenemos la mente renovada por la Palabra, y somos distintas. Tenemos la mente de Cristo; por eso no seducimos a otros hombres que no sean nuestros maridos, ni nos dejamos seducir. Y los hombres que son de Cristo, tampoco son como los hombres del mundo. Estos no desconfían, sino que reposan en Dios y confían en su esposa; porque saben que la mente de ella esta alineada con la Palabra de Dios.

LA VIRGINIDAD

Es normal que un hombre cristiano soltero anhele y desee casarse con una muchacha virgen. Esto es una hermosa ilusión, con la cual cualquier hombre sueña, y además está totalmente dentro del plan perfecto de Dios. Sin embargo, el hecho de que una muchacha haya cometido el error de tener relaciones antes de casarse, esto no significa en manera alguna que Dios, que entre paréntesis es tan bueno, no pueda restaurarla, enviándole un hombre, un esposo, un compañero cristiano, quien la cubra con su amor.

El pecado que esa joven haya cometido, como cualquier otro pecado, solamente requiere para ser anulado del legítimo arrepentimiento. De este modo instantánea y permanentemente, los pecados, por horribles que hayan sido, la sangre de Cristo los borra para siempre. "De modo que si alguno está en Cristo, nueva criatura es; las cosas viejas pasaron; he aquí todas son hechas nuevas" (2 Co. 5:17).

El amor de un hombre que se case con una mujer que

no sea virgen, ciertamente la cubrirá. "Pero el amor cubrirá todas las faltas" (Pr. 10:12). "Porque el amor cubrirá multitud de pecados" (1 P. 4:8).

Por ejemplo, un hombre que se viera ante la situación de que su novia con la que está pensando en casarse, un día le confesare que no es virgen. Ese hombre solamente tendría dos opciones dignas.

La primera opción: Esta sería la de analizar muy bien sus sentimientos hacia esa muchacha, con el fin de que decida si está lo suficientemente enamorado de esa muchacha como para cubrir con su amor esa falta para siempre, o no.

Ciertamente, el amor verdadero, el amor ágape de Dios no descubre el secreto, sino según dice la Biblia, cubre multitud de pecados. El amor no avergüenza, no busca lo suyo, no hace nada indebido, no guarda rencor, todo lo puede, todo lo da, todo lo soporta, y no se envanece.

Si ese hombre al analizar sus sentimientos hacia su novia a la luz de 1 Corintios, llega a la conclusión de que su amor por esa joven, no está dentro de esa categoría, entonces haría muy bien en deshacer su compromiso para con esa joven, sutilmente para no herir sus sentimientos y actuando con hombría y madurez. ¡Eso ciertamente es tener hombría!

La segunda opción: Esta sería la de amar a esa muchacha y darle refugio, aceptando y recibiéndola con todo respeto para honrar y amarla como corresponde en el Señor. ¡Esto es tener hombría formidable!

EL PASADO YA PASÓ

Lo que no tiene excusa, ni ningún hombre tiene derecho a hacerle a una mujer es quedarse a su lado aceptando su condición para luego cada vez que se le antoja dedicarse a la cruel tarea de torturarla con reproches y humillaciones, sacando a relucir su pasado. Nada le da ese derecho.

Si él la aceptó así después que ella fuera sincera y le dijera la verdad sobre su pasado, y la recibió así, es para amarla, no para estar utilizando eso contra ella como arma de escarnio. ¿Qué logra con estarle sacando en cara un pasado del cual ella ya se arrepintió, y lo que es aun más importante, Cristo lo lavó con su preciosa sangre y lo borró? Lo anuló para siempre. Un hombre que tenga esta actitud, aparte de ser muy cruel, es además extremadamente infantil, inmaduro e inseguro de sí mismo.

¿Acaso puede alguien, porque le reprochen o le saquen en cara su pasado, volverlo atrás? ¿Podrá controlarlo o borrarlo? ¡Claro que no! Entonces, mi amado, reprocharle a alguien su pasado es completamente sin sentido. El pasado estará para siempre ya fuera de nuestro control.

Dice la Palabra de Dios: No traigáis a memoria las cosas antiguas. "Él volverá a tener misericordia de nosotros; sepultará nuestras iniquidades, y echará en lo profundo del mar todos nuestros pecados" (Mi. 7:19). Alguien dijo una vez que Dios no solo que echaba nuestros pecados en el fondo del mar, y no se acordaba más de ellos, sino que además ponía allí un letrero que decía: prohibido pescar.

UNA MEMBRANA EN EL CEREBRO

La virginidad es una fina membrana que cubre el cuello de la vagina de la mujer virgen. Sin embargo, para algunos hombres inmaduros, esta pareciera ser más bien, una membrana que tienen ellos en su cerebro, la cual divide su capacidad de poder amar incondicionalmente a una mujer, de su ego machista.

El hombre que es maduro no deja de valorizar a una mujer por el hecho de que ésta sea, o no sea virgen, sino que la aprecia por lo que es como persona, o por lo que vale individualmente como hija de Dios. El hombre que deja de amar a una mujer o no la valoriza como persona, por el hecho de que no sea virgen, entonces honestamente, ese hombre aun tiene mucho que crecer y aprender sobre lo que significa ser hombre.

Según mi experiencia, son precisamente aquellos hombres que han tenido un pasado sexual más promiscuo y se involucraron con prostitutas, y fueron iniciados prematuramente al sexo, los que por contraste resultan ser más legalistas y puritanos que los demás entorno al tema sexual. Además también presentan síntomas de una gran inseguridad hacia su propia virilidad masculina, o alimentan tabúes y fantasías infantiles alrededor del tema de la virginidad de su compañera.

No es que yo no esté de acuerdo con que una muchacha espere virgen al matrimonio. ¡Claro que no! Por favor, todo lo contrario, sé que este es el plan perfecto de Dios. Es más, muy a menudo en los seminarios que dicto para mujeres, cuando veo que hay en la audiencia muchachas jóvenes, hago hincapié sobre la importancia de que la muchacha virgen se guarde para el hombre que Dios tenga dispuesto para ella. Sin embargo, sé también que Dios es un Dios de restauración. Y que no condena para siempre, antes tiene misericordia.

"NO CODICIARÁS LA MUJER DE TU PRÓJIMO"

Esto no es una sugerencia de Dios para el hombre, o sea, la raza humana, ni tampoco es un consejo, sino un mandamiento (Éx. 20:17). Es más, es uno de los diez mandamientos que estaban grabados en las tablas originales que Dios le entregó a Moisés en el monte Sinaí. "El ojo del adúltero está aguardando la noche, diciendo: No me verá nadie; y esconde su rostro" (Job 24:15). Y este es el quinto mandamiento según Éxodo 20:14, y está vigente hoy: "No cometerás adulterio".

Existen además otras escrituras en el Nuevo Testamento que dan instrucciones específicas al respecto del tema del adulterio, las cuales, dado la importancia del tema, he considerado oportuno incluir.

Mateo 5:27-30

Oísteis que fue dicho: No cometerás adulterio. Pero yo os digo que cualquiera que mira a una mujer para codiciarla, ya adulteró con ella en su corazón. Por tanto, si tu ojo derecho te es ocasión de caer, sácalo y échalo de ti; pues mejor te es que se pierda uno de tus miembros, y no que todo tu cuerpo sea echado al infierno. Y si tu mano derecha te es ocasión de caer, córtala, y échala de ti; pues mejor te es que se pierda uno de tus miembros, y no que todo tu cuerpo sea echado al infierno.

Mateo 19:7-11

Le dijeron: ¿Por qué, pues, mandó Moisés dar carta de divorcio, y repudiarla? Él les dijo: Por la dureza de vuestro corazón Moisés os permitió repudiar a vuestras mujeres; mas al principio no fue así. Y yo os digo que cualquiera que repudia a su mujer, salvo por causa de fornicación, y se casa con otra, adultera; y el que se casa con la repudiada, adultera. Le dijeron sus discípulos: Si así es la condición del hombre con su mujer, no conviene casarse. Entonces él les dijo: No todos son capaces de recibir esto, sino aquellos a quienes es dado.

Romanos 7:1-3

¿Acaso ignoráis, hermanos (pues hablo con los que

conocen la ley), que la ley se enseñorea del hombre entre tanto que éste vive? Porque la mujer casada está sujeta por la ley al marido mientras éste vive; pero si el marido muere, ella queda libre de la ley del marido. Así que, si en vida del marido se uniere a otro varón, será llamada adúltera, pero si su marido muriere, es libre de esa ley, de tal manera que si se uniere a otro marido, no será adúltera.

1 Corintios 6:9-10
¿No sabéis que los injustos no heredarán el reino de Dios? No erréis; ni los fornicarios, ni los idólatras, ni los adúlteros, ni los afeminados, ni los que se echan con varones, ni los ladrones, ni los avaros, ni los borrachos, ni los maldicientes, ni los estafadores, heredarán el reino de Dios.

La Palabra de Dios es muy clara al respecto. No hace falta decir nada más sobre este tema del adulterio, ya que la Palabra lo dice todo. Por eso, resumimos repitiendo la conclusión más fuerte reflejada en las Escrituras: 1 Corintios 6:9-10: "...los adúlteros (...) no heredarán el reino de Dios".

ADICCIÓN AL ALCOHOL Y A LA DROGA

Como consejera a mujeres, me es muy triste ver en mis viajes alrededor de nuestra preciosa América de habla hispana, la cantidad tan grande de mujeres que sufren por causas de hijos y esposos adictos al alcohol y a las drogas.

Cuántas mujeres me dicen así: "Mi esposo bueno y sano (esto quiere decir, cuando está sobrio), es una bellísima persona. Él nos ama, quiere a sus hijos. Me da la plata para la casa y nos lleva a pasear. El problema que toma y viene tomado, entonces se pone violento, nos maltrata, nos pega, nos grita, rompe los muebles, nos ofende, nos bota para la calle, y hasta ha querido meterse con las muchachas más grandes" ¿Habré oído yo esta historia un montón de veces?

Vamos a ver lo que dice al respecto la Palabra de Dios:

Proverbios 20:1
El vino es escarnecedor, la sidra alborotadora, y cualquiera que por ellos yerra no es sabio.

Proverbios 21:17
Hombre necesitado será el que ama el deleite, y el que ama el vino y los ungüentos no se enriquecerá.

Proverbios 23:29-33
¿Para quién será el ay? ¿Para quién el dolor? ¿Para quién las rencillas? ¿Para quién las quejas? ¿Para quién las heridas en balde? ¿Para quién lo amoratado de los ojos? Para los que se detienen mucho en el vino, para los que van buscando la mistura. No mires al vino cuando rojea, cuando resplandece su color en la copa. Se entra suavemente; mas al fin como serpiente morderá, y como áspid dará dolor. Tus ojos mirarán cosas extrañas, y tu corazón hablará perversidades.

El sabio rey Salomón en el libro de los Proverbios nos enseña las verdades sobre las consecuencias de las borracheras. La Palabra de Dios nos ordena a estar sobrios.

1 Tesalonicenses 5:6, 8
Por tanto, no durmamos como los demás, sino velemos y seamos sobrios.

Pero nosotros, que somos del día [o sea de la luz], seamos sobrios, habiéndonos vestido con la coraza de fe y de amor, y con la esperanza de salvación como yelmo.

1 Timoteo 3:2
Pero es necesario que el obispo sea irreprensible, marido de una sola mujer, sobrio...

2 Timoteo 4:5
Pero tú sé sobrio en todo, soporta las aflicciones...

Tito 2:2
Que los ancianos sean sobrios...

Anciano significa persona crecida en el Señor.

Hay muchas otras escrituras en el Nuevo Testamento que nos exhortan a permanecer sobrios en todo tiempo.

Proverbios 23, explica magistralmente a través de la sabiduría incomparable de Salomón, las terribles consecuencia del estado de embriaguez.

Pregunta: "¿Para quién los Ay?" Ciertamente mucho dolor, mucha aflicción habrá para aquel que se emborrache o se drogue. Tendrá consecuencias en su vida personal para con sus familiares cercanos, perderá su relación con su cónyuge, sus hijos, aun sus padres y hermanos; ahuyentará de su vida a los que más quiere; se hará indeseable. Al final se despreciará y odiará a sí mismo por lo que ha hecho con su vida y por haber destruido con ella a todos los que amaba.

A la larga abandonará su hogar, y sus amigos lo abandonarán, morirá pobre y solo. Sus negocios fracasarán pues un hombre que se droga y se emborracha a la corta o a la larga pierde la habilidad de hacer negocios y funcionar. Perderá el respeto en la sociedad, pero lo más duro, el respeto de sí mismo. Su personalidad se deteriorará y sus valores desaparecerán hasta quedar totalmente insensible y desmoralizado. Todo debido a la droga y el alcohol que robarán a sus propios padres, familiares, hijos, esposas, trabajo, amigos. Será capaz de robar, matar y aun vender su propio cuerpo con tal de adquirir la droga y el alcohol.

El vicio, la adicción al alcohol y drogas, sin lugar a la

menor duda es algo totalmente demoníaco. El enemigo captura al individuo y lo va seduciendo poco a poco, mientras que le hace creer que él es fuerte e invencible, que sí sabe manejar el asunto y como él sí va a poder tomar y drogarse, pero controlando el asunto. Sin embargo, la droga los va a controlar a ellos, aunque el enemigo les hará creer que no. La realidad de la vida es que aun los más vivos y los que se creen maduros, terminan cediendo ante el demonio del alcohol y las drogas, hasta que esta toma control de sus vidas.

Muchos comienzan por unas cervecitas, luego quizás un cigarrillo de marihuana y así van experimentando en distintos tipos de drogas, hasta que sin darse cuenta ya están inhalando cocaína y haciéndose presos de un vicio de miles de pesos a la semana. El dinero que ganan no les alcanza, no pagan sus cuentas, ni el automóvil, ni se compran ropa, pierden la licencia de conducir, el trabajo y terminan debajo de los puentes.

Conozco a profesionales que han terminado debajo de un puente por drogas. Conocí a madres que vendieron sus hijas por drogas, a muchachas que se han prostituido con hombres violentos y sanguinarios. Por las drogas conozco a hombres que cayeron en homosexualidad; a jóvenes que les pegaron y robaron a sus propios padres. He conocido a jóvenes que han amanecido muertos por una sobredosis de drogas, otros que se han inyectado heroína con una aguja infectada y han contraído el Sida.

Lo peor que hace la droga no es solamente el deterioro que ocasiona día tras día al funcionamiento del cuerpo físico de la persona, sino que para mí, aun más terrible es como la droga y el alcohol va conduciendo paulatinamente al individuo a la ruina moral, intelectual y espiritual.

El vicio aniquila la personalidad, desaparece el amor

propio, pulveriza los deseos de vivir y demuele los valores morales, familiares, espirituales y humanos. El adicto se vuelve como un animal, solo llega a interesarle tener droga para consumir, o alcohol para emborracharse. Nada más le importa, ni la familia, ni el trabajo, ni el superarse, ni pagar sus cuentas, ni su salud, ni su futuro, ni Dios, ni la sociedad; no le importa nada, solo tener con que drogarse hoy, con que emborracharse hoy, y ya.

Es el mismo Satanás, quien a través de la droga y el alcohol, logra deteriorar la mente y el corazón de los que caen en sus garras y son presos del vicio y la adicción. Así él puede mantenerlos bajo cautiverio, hasta lograr su objetivo, que pierdan su vida, su alma y lo que es peor, la vida eterna.

Un adicto termina siempre enfermo, no solo espiritualmente, sino también psíquicamente. Algunos alucinan, otros pierden la facultad de razonar ya que van perdiendo neuronas cerebrales día a día, hasta que ya no pueden pensar, ni reaccionar correctamente.

Muchos se quedan impotentes sexualmente, a otros les da embolias, infartos, y otros se mueren de sobredosis. Pero todos inician, a través de la adicción, ese terrible proceso degenerativo, del alma y del cuerpo, a una velocidad vertiginosa.

Cualquier cosa que sea más fuerte que nuestra voluntad humana, el libre albedrío que Dios nos da, es totalmente satánico y demoníaco. Sin embargo, Cristo es la respuesta, ya que Él vino a traer libertad a los cautivos y apertura de cárcel a los oprimidos por el diablo.

CUIDA EL TEMPLO DE TU CUERPO

"Fumar no es pecado. Fumar no es malo", a lo mejor dices tú. Además, me preguntas: "¿Dónde dice en la Biblia que no se puede fumar?" A mí me lo preguntaron.

RENUNCIA AL ESPÍRITU DE SEDUCCIÓN

Escúchame, si reconoces en ti un espíritu de seducción, confiésaselo a Dios y renuncia a él. "Si confesamos nuestros pecados, él es fiel y justo para perdonar nuestros pecados, y limpiarnos de toda maldad" (1 Jn. 1:9).

El primer paso es reconocer el pecado, el área de debilidad. El segundo paso para ser libre es renunciar a él, apartándote. Entonces Dios, que es siempre bueno, es además fiel y justo para perdonar.

Tú te conoces a ti mismo, ¿acaso no sabes muy bien del pie que cojeas? Tú sabes muy bien las cosas que seducen a tu carne, que seducen a tu alma. Tú bien sabes aquellas llamadas de teléfono que no deberías de haber hecho, ni las miraditas pícaras y seductoras que no deberías haber dado. Ni las frases ardientes, sugestivas, y fuera de tono que no deberías haber dicho para no encender el fuego. Bien sabes la verdadera intención de tu corazón, cuando te compraste aquella camisa para atraer al hombre, esa ropa provocativa que te has puesto a propósito y que no te deberías haber puesto.

Claro que tú bien lo sabes, ¿no es así? Tú bien sabes como evitar las tentaciones. Acaso ¿no sabe el ladrón, que roba? Bien sabes cuando por tu propia concupiscencia, como dicen las Escrituras, vas como corderito al matadero, a tu propia autodestrucción.

Tú bien sabes cuando vas cuesta abajo, en el camino de descenso. Bien sabes cuando estás andando por ese "caminito de la tentación" y cuando vas llegando al "puerto de la decisión". Porque ese camino siempre desemboca en una decisión, ¿no es cierto?

El diablo tiene siempre su barco anclado allí, en el puerto de la decisión, para que tú te puedas embarcar en la nave de la rebelión. Él tiene su propia agencia de turismo que ofrece viajes bajo el plan "Embárquese ahora, pague después con su vida, 'tour de rebelión', siempre van a llevarte a la tierra de la desobediencia a Dios."

Allí en su destino, en aquella tierra fuera de la voluntad de Dios, estarás entonces expuesto a la disciplina del Señor, y a lo que es aún peor, a soportar los ataques del enemigo. Él quiere llevarte hasta su territorio, sacándote de debajo de la sombra del abrigo del Omnipotente donde, como hijo de Dios, tú moras para una vez que estés allí sobre su territorio, en la tierra de desobediencia, poder, a sus anchas, destruirte. ¿Y cómo te llevará él hasta allí? Pues muy fácil, bajo seducción y engaño.

Si a nosotros nos pasaran un vídeo promocional, un avance sobre la realidad de ese viaje, de cierto no nos embarcaríamos. De cierto tú no irías a buscar nada a la tierra de la desobediencia, pero la realidad es que vas engañado, vas seducido, él te pone carnada, así mismo como haces tú con los peces cuando vas a pescar.

El enemigo tiene sus anzuelos siempre listos, y como los peces, a veces no puedes resistir la tentación de la apetitosa carnada; y muerdes para tu propia destrucción. El pez por la boca muere. ¡No mueras tú!

El enemigo te quiere pescar, él quiere pescarte fuera de la voluntad de Dios, él te estará tratando de pescar siempre, sin embargo, cuando lo resistes, huirá de ti.

Por supuesto que el diablo es un mentiroso, un burlador. El diablo es engañador. Dice la Biblia que cuando habla mentira, de suyo habla. Esta es su especialidad, se especializa en engañarte, siempre quiere hacerte creer algo que en realidad no es. Nos ofrece "villas y castillos", muchas cosas aparentemente buenas y apetitosas. A veces hasta te permite experimentar algunas sensaciones placenteras y deseos engañosos en tu carne. ¡Ummmm!

Con esa ten mucho cuidado, ya que ella siempre busca el placer. La carne no es de fiar. Por eso es que el enemigo siempre quiere llegarte a través de los sentidos, llena tus ojos, tus oídos, para exacerbar tus pasiones. Sin embargo, eso es solo un truco sucio y vil, ya que él no desea en realidad darte nada bueno, ni placer, ni paz, ni felicidad; sino la muerte.

¿Serás tan tonto de caer mansamente en su red?

Sin visión el pueblo perece. ¿Eres tú íntegro de corazón? Los mentirosos no heredarán el reino de los cielos. La palabra más difícil de pronunciar es "perdóname". Ama la mujer de tu juventud. Renueva tu mente. Tú puedes controlar tu mente. El amor es un acto de fe.

CAPÍTULO 5

¿Qué tipo de hijo eres?

Hay hijos legítimos e ilegítimos; primogénitos y unigénitos; además existen los hijos adoptivos.

¿Cuál es el hijo ilegítimo? Pues aquel que, aunque tiene la naturaleza del padre, no tiene el derecho a la herencia paterna. Aunque lleva la naturaleza del padre, no está encargado, no tiene acceso a gobernar los negocios del padre. A diferencia del hijo legítimo, éste tiene la naturaleza del padre y derecho a la herencia, y acceso a ocuparse de los negocios del padre. El hijo legítimo es aquel que está pendiente de los asuntos de la casa paterna, el que conoce las intimidades de su padre y además goza del derecho a la herencia.

¿Qué clase de hijo eres tú para con Dios? El hijo legítimo, espiritualmente hablando, hereda la naturaleza del Padre, se prepara para administrar la herencia espiritual, está ocupado en los negocios del Padre, y vela por la casa del Padre. ¿Lo haces tú?

El espíritu del hijo primogénito se manifiesta en aquellos que aprecian el orden de sujeción. Esaú no valorizó su derecho de primogenitura y se la vendió a Jacob, su hermano gemelo, por un simple plato de lentejas. El que tiene espíritu de primogenitura no desvaloriza ese derecho como Esaú, sino que atesora su primogenitura espiritual. Muchos, como Esaú, venden su derecho de primogenitura espiritual, renunciando a la bendición del Padre.

La actitud de Esaú se repite una y otra vez cuando con desprecio, no se atesora ese sagrado derecho y privilegio que el Señor nos otorga de primogenitura espiritual, el cual nos hace acreedores a recibir la bendición del Padre.

¿Lo atesoras tú? O también quizás como Esaú, ya la hayas vendido por un insignificante plato de lentejas. Un plato de lentejas, metafóricamente hablando, podría ser tu plato favorito de pecado, con el cual desees saciar el hambre de los apetitos de tu carne, a costa de entregar un derecho espiritual.

Fíjate que curioso que se puede llegar a ser padre por accidente. Cuántos hombres tienen una relación sexual casualmente con una mujer a los que no los une absolutamente nada, desde el punto de vista sentimental o humano, sino el hecho de que en un momento determinado se encendieron con ella dándole rienda suelta a una pasión sexual. Y sin que ellos lo hayan deseado, ni mucho menos planificado, de esa unión sexual, se fecundó, biológicamente hablando, la semilla de vida que da a fruto un hijo.

A esto, irónicamente, le llaman un accidente natural, un accidente biológico. Qué tremendo es que se puede ser padre natural por accidente; mas sin embargo no se puede ser padre adoptivo por accidente. Para adoptar un hijo, se requiere de un deseo de hacerlo, parte de una decisión adulta de la voluntad que requiere iniciar un proceso legal ante un tribunal para lograr que un juez dictamine una sentencia otorgándole a alguien el derecho de paternidad sobre el hijo adoptivo.

La adopción es una idea original de Dios. La Palabra de Dios nos enseña que el Señor nos adoptó. ¿Aprecias tu derecho de hijo legítimo? ¿Aprecias de igual modo tu primogenitura espiritual? ¿Entiendes que Dios te adoptó?

AMARÁS AL SEÑOR TU DIOS CON TODO TU CORAZÓN

Necesitas admiración y respeto. Dios ordena al hombre a que ame a su mujer, sin embargo, la orden para la mujer es respetar a su marido. La gran necesidad en el corazón de la mujer es sentirse amada, sin embargo, la gran necesidad en el corazón del hombre está en sentirse respetado.

Sentirse admirado es muy importante para la estabilidad emocional del varón. El hombre que se siente respetado y admirado por su esposa es un hombre que estará feliz y seguro de sí mismo.

¿Sabes una cosa? La herencia de pecado en el corazón provoca que cuando recibes por la Palabra la orden por parte de Dios, de que ames a tu mujer, es que tu mente carnal y aún no renovada por la Palabra diga: "¡Mmmmmm! Eso de que ame a mi mujer, como que no me fluye naturalmente".

Como te confieso que tampoco a nosotras las mujeres nos fluye muy natural que digamos eso de: "Esposas, estad sujetas a vuestros propios maridos", y eso de que la esposa respete a su marido. Esto se debe a la naturaleza de pecado en nosotros, la cual se revela siempre en contra del plan natural establecido por Dios.

A veces la mujer en nuestra cultura tiene la tendencia a querer imponerse, a querer llevar los pantalones y mandar. Esta actitud viene a nosotros como consecuencia del pecado en el huerto del Edén. Dios le lee la cartilla a la serpiente, a Eva y a Adán, de las consecuencias que acarrearán a causa del pecado. Y ahí le dice a la mujer: "Tu deseo será para tu marido". La mujer por causa de la rebelión según la naturaleza del pecado querrá revelarse en contra de lo que Dios estableció, de que ella esté sujeta al marido, porque Dios le dio a él la posición de cabeza del hogar.

La mujer por lo general, por la naturaleza del pecado, se revela y se opone inconscientemente al plan de Dios, queriendo mandar y estando en control, usurpa así la posición que Dios le dio al marido en el contexto del hogar. Sin embargo, la mujer cuando ha experimentado en Cristo por la fe el nuevo nacimiento y ha entrado a conocer y a entender la revelación del plan de Dios, puede así, en obediencia a la Santa Palabra de Dios, someterse a su esposo como lo ordenó Dios. Al obedecer a Dios experimenta gozo, paz y reposo, porque simplemente éste es el patrón, el plan perfecto de Dios, y por ende, traerá a su vida, a su familia y a su hogar, bendición.

La mujer que sigue la rebelión natural por causa de la herencia de pecado que no nació de nuevo, ni asimiló el plan de Dios, querrá oponerse a lo establecido por Dios. Querrá dar rienda suelta a este deseo de mandar y estar en control, que viene a ella según la naturaleza de pecado y no de Dios. Y el que resiste a la autoridad, dice el Señor, acarrea condenación para sí mismo y para su familia.

Muchas mujeres lamentablemente se aferran a querer ser líderes en el hogar cuando Dios no las llamó a ser la cabeza, robando con esta actitud a sus maridos, el poder ejercer la posición de liderazgo y autoridad, para la cual Dios les llamó, les ordenó y les capacitó.

Nosotras las mujeres, si detectamos que en esta área el enemigo nos ha tenido seducidas, tenemos que arrepentirnos y entrar en el entendimiento del plan original de Dios para obedecerlo; porque éste está vigente hoy. Y así como por fe nos rindamos a Él, devolviéndole a nuestros esposos la posición de liderazgo, el reconocimiento de la autoridad con respeto, obediencia y sumisión, la gloria suya será revelada en nuestro hogar.

Los hombres que de igual manera en la ignorancia de su posición de liderazgo hayan sido flojos, no queriendo asumir la posición de liderazgo espiritual para la cual Dios les llamó y capacitó, y hayan permitido que su esposa ejerza la posición de liderazgo y autoridad en el hogar, también tienen que arrepentirse y alinearse con el plan de Dios.

Las mujeres que nos empantalonamos y que casi nos nacen pelos en el pecho, ejerciendo fuera de orden un liderazgo en el hogar, nos sentimos en el fondo heridas, desorientadas y frustradas, porque nosotras necesitamos reposar en el liderazgo del hombre, que se nos trate como vaso más frágil, sin asperezas. Eso lo dice la Palabra de Dios, no lo inventé yo.

El hombre debe entender que de él se demanda ejercer autoridad, que no es una opción, que no es si considera que tenga o no la personalidad para ejercer el liderazgo, o que piense que su mujer es más fuerte de carácter y lo hará mejor. No es una opción, es un mandato de Dios. Porque a través de que él ejercite esa autoridad, a su esposa le será fácil poderle admirar y someterse gozosa y voluntariamente a su autoridad sacerdotal en el hogar.

¿Por qué esto es así? Simplemente, porque este es el plan perfecto y original de Dios para la pareja.

Los hijos que crecen en un hogar donde no exista guerra por el poder y la autoridad, sino que sea un hogar que funcione según el plan de Dios, donde ambas figuras paternales entienden y se someten mansamente al mutuo respeto y sujeción, tenga por seguro de que esos hijos serán muy felices y podrán en el futuro, cuando formen sus propios hogares, reproducir en su familia el rol que les fue modelado, funcionando según el plan perfecto de Dios.

A mi juicio opino que sería importante para nuestros hijos desde preescolar aprender simultáneamente a matemáticas, historia y geografía, los fundamentos de la Palabra de Dios, no solamente como un material académico, sino como un modelo de vivencia diaria en los hogares. De este modo aprenderían a funcionar acertadamente en cuanto a sus relaciones interpersonales y estarían ejercitados en los principios y fundamentos del amor y del perdón para con los demás. Les sería fácil obedecer el plan de Dios, y estar sujetos a Él por medio del conocimiento de Dios y la programación de su manera de sentir, pensar y desear, la cual se haya desarrollado en perfecto alineamiento a los patrones que Dios estableció, tanto para el hombre como para la mujer, a través de su santa e imperecedera Palabra.

Si pudiéramos reeducar a nuestra sociedad en el conocimiento y reconocimiento del temor a Dios, podríamos establecer la que fue la intención del Señor desde el principio. Sin embargo, la gran esperanza es que, según la Palabra de Dios, vamos a volver al plan perfecto y original de Dios.

La oración "Señor, venga tu reino" implica que estamos diciendo: "Señor, venga tu reino en nuestras finanzas, en nuestras relaciones de pareja, en nuestras relaciones para con nuestros hijos, en nuestras relaciones para con nuestro prójimo, en todas las cosas. Por favor, Señor, te pedimos: venga tu reino."

No podemos decirle a Dios: "Señor, venga tu reino" sin decirle primero: "Señor, renuncio a mis propios reinos, para que sea tu reino establecido en mi vida". ¿Podrás decírselo tú?

RENOVAR LA MENTE

En menor o mayor escala, hoy en día casi todos conocemos el lenguaje de la computación. Pues bien, el Señor en su Palabra nos dice que estamos llamados a crecer y a ser santos. Muchos al convertirse a Cristo, comienzan a congregarse, hasta aprenden a diezmar, pero, sin embargo pasan los años y aun no se han sometido al proceso de renovar su mente por la Palabra de Dios.

Esto es lo que determina que de cristianos carnales e inmaduros, salvos sí, pero carnales e inmaduros, por la renovación de nuestra mente por la Palabra de Dios nos trasformemos en cristianos que hayan desarrollado la mente de Cristo, o sea, que nos convertimos en unos cristianos espirituales y maduros.

Antes de conocer a Cristo, por ejemplo, quizás éramos personas que teníamos la mala costumbre de mentir, pero luego, al leer en la Palabra de Dios que los mentirosos no heredarán el reino de los cielos, el Espíritu Santo nos redarguye, nos da convicción en esta área. Y ¿qué hacemos? Tomamos la decisión de no mentir más.

Es como si oprimiéramos figurativamente la tecla que programa nuestro disco duro de la voluntad la cual dice "borrar", descartando definitivamente la costumbre de mentir y a la vez reemplazando esa mala programación con la positiva decisión de ser en todo veraz, presionando nuevamente la tecla que dice "guardar" archivando en nuestra mente la costumbre de decir siempre la verdad. Este proceso se inicia por fe, en obediencia a Dios.

No pienso como pensaba antes, sino que ahora he decidido que mis pensamientos deben de ser alineados con los de Dios. Mis sentimientos ya no son míos, tienen que cederse con lo que establece Dios.

Hace poco en mi casa se venció el contrato de la televisión por cable y nos lo cortaron. Como consecuencia nos quedamos sin el servicio, por lo cual solamente pudimos ver dos o tres canales básicos de los que vienen por una antena. Mi esposo dudaba si poner un sistema de satélite u otra compañía de cable, y el caso es que pasaron los meses y aún no tomó la decisión de lo que va a determinar al respecto. Pero quieres que te confiese una cosa: no extrañé la televisión, ni un poquito. ¿Sabes por qué?

Con la madurez en Cristo descubrirás que mientras más hayas ido renovando tu mente por la Palabra de Dios, cuanto menos tendrás comunión con el mundo. La televisión, con sus excepciones por supuesto, está corrupta y manejada por el mismo enemigo. Cuando más eres un cristiano maduro y centrado en la Palabra de Dios, cuanto menos podrás tolerar las vulgaridades, sandeces, disparates y perversiones que se ven y se hablan por casi todos los canales de televisión.

¿Has renovado tu mente por la Palabra de Dios?

DISCERNIMIENTO

El cristiano maduro, el padre de familia que sirve a Cristo y asume la responsabilidad del sacerdocio de su hogar y ejerce el liderazgo espiritual de su familia, disfrutará del don del discernimiento. El Espíritu Santo te hará desarrollar la dosis necesaria de discernimiento, esa intuición natural que necesitarás para poder guiar a tus hijos y proteger a tu familia de las asechanzas del diablo, que según dicen las Escrituras, anda como león rugiente buscando a quien devorar (véase 1 P. 5:8).

Es importante desarrollar el discernimiento necesario para poder entender lo que ocurre en tu hogar, con tu cónyuge y con tus hijos, no solo en el ámbito natural, sino además muy especialmente en el ámbito espiritual.

Recuerda lo que enseña la Palabra de Dios, que nuestra lucha no es "contra carne y sangre, sino contra principados, contra potestades, (...) contra huestes espirituales de maldad en las regiones celestes" (Ef. 6:12).

¿Puedes detectar cuáles son los espíritus que se mueven amenazando la integridad de tu vida espiritual y la de tu familia? ¿Los puedes discernir?

Cuando tu hija, o tu hijo te consulta algo, ¿sabes qué responder que sea no tu consejo, sino el consejo de Dios? O cuando tienen ellos un amigo(a) nuevo(a) que traen a la casa, ¿puedes discernir si es una amistad que les convenga o no?

El Espíritu Santo sin duda te alerta a través del don del discernimiento para que estés apercibido de lo que ocurre a nuestro alrededor, no solo en lo natural, sino y muy especialmente, en el orden espiritual. Somos espíritu, alma y cuerpo.

El hombre debe de velar por su familia proveyendo y tomando en cuenta las necesidades de los que están bajo su liderazgo espiritual en estas tres dimensiones.

CUANDO LA CABEZA ESTÁ EN DESORDEN, TODO ESTÁ EN DESORDEN

Es responsabilidad de la cabeza espiritual de la casa, estar bajo sujeción y obediencia a Dios, para que así el Espíritu Santo pueda hablarle impartiéndole la sabiduría necesaria para poder gobernar con inteligencia su hogar. Cuando un hogar está patas para arriba, los hijos son un desastre, y la esposa está desorientada. Hermano, puedes estar seguro de que la cabeza de ese hogar anda mal, muy mal, conforme al plan de Dios.

Cuando un hombre, valientemente, modifica los patrones de conducta del pasado y en obediencia a la Palabra de Dios, asume en fe el reto de someterse a Dios, pidiéndole que le dé la fortaleza y la sabiduría para guiar a su familia, tengas por seguro de que aunque puedas cometer errores, vas a saber, cada vez más y más, cómo manejar a tu familia de acuerdo al plan de Dios. Esa familia va a ser transformada para la gloria de Dios.

Cuando el hombre reconoce sus errores y debilidades, pidiéndole al Espíritu Santo que le levante bajo la unción de liderazgo espiritual como jefe y guía sacerdotal de su hogar, y comienza en fe a actuar alineado con el consejo de la Palabra de Dios, no lo dude por un instante que el Dios que no miente transformará ese hogar para la gloria y honra de su Nombre. Puedes estar seguro, mi hermano, que ese hogar donde todo era un desorden, cuando se ordene la cabeza, los otros miembros se alinearán también. Nunca será demasiado tarde para comenzar a obedecer a Dios.

Cuando un hombre agarra las riendas espirituales de su hogar, bajo obediencia a Dios, inmediatamente su esposa comienza a someterse por causa de la unción de su liderazgo. Tal vez me estés gritando: "¡Cómo se ve que usted no conoce a mi esposa, no se sujeta, quiere siempre mandar!"

No me vengas a decir que te tocó a ti precisamente la fierecilla indomable. Ninguna mujer es tan fuerte que un hombre que tenga los pantalones bien puestos, bajo la autoridad de Dios, no la pueda controlar en amor, no por sus propias fuerzas, no por su propia capacidad, no por su propia sabiduría, sino por el poder de Dios, respaldando su Palabra en la unción de liderazgo con la cual le ungió. No es que te va a ungir en un futuro; es que si eres esposo, si estás casado, si tienes hijos, ya te ungió, ya te capacitó; ahora ejércela.

El Espíritu Santo doma a cualquier mujer cristiana, bajo el liderazgo de cualquier hombre, que está sujeto al Espíritu por la Palabra. Si tu esposa es una mujer que ama a Dios y nació de nuevo, le hablas y razonas por la Palabra de Dios, no por el capricho, ni por el machismo, sino en la justicia y orden santo de la Palabra, esa mujer te va a obedecer y además va a agradecer tu posición de autoridad. En el fondo de su corazón estará segura y confiada de que tú te has calzado los pantalones espirituales y estés ejerciendo el liderazgo espiritual en el hogar. Como mujer yo te lo digo, créeme que no te miento, y que así es.

Si tu esposa está acostumbrada a llevar la batuta y ser la voz cantante en el hogar, pueda que en su carne al principio le cueste trabajo ceder la posición, pero por la Palabra de Dios lo hará y luego te lo agradecerá.

Los hombres hoy día están buscando identidad en cuanto a su posición. Hay una gran crisis de valores y de identidad. El hombre primitivo tenia su papel más definido: la caza, la protección y la provisión. Hoy día el hombre no sabe bien cuál es su posición.

Aquellas cosas que siempre habían estado separadas o destinadas para el varón, ahora son las mujeres las que las ejecutan. En el campo laboral, en los negocios, en los deportes, en el campo intelectual, aun en el religioso, la mujer está tomando parte activa y el hombre parece haber perdido poco a poco la identidad de su posición según su género.

Sin embargo, los logros que las mujeres hayamos conquistado en la sociedad en cuanto a la igualdad en oportunidades de trabajo, desarrollo de la inteligencia, así como a la capacidad de poder competir en el campo intelectual, en manera alguna significa que somos iguales al varón en cuanto al papel que Dios determinó dentro del contexto de la pareja. Somos iguales en cuanto a que ambos somos hijos de Dios.

En esto es que tenemos el mismo valor ante Dios, ya que según la Palabra para Él no hay esclavo, ni libre, ni judío, ni griego, ni varón que mujer (véase Gá. 3:28). Este texto traducido al lenguaje de hoy se leería más o menos así: Porque para Dios no existe diferencia entre ricos y pobres, o entre blancos y negros, o entre hombre o mujer. En otras palabras, para Dios no hay diferencia en cuanto a la posición social, raza o género.

El hombre tiene que entender, al igual que la mujer, que Dios nos hizo diferentes y determinó papeles, en cuanto al gobierno en el hogar, específicos para cada uno. No que uno sea mayor que el otro; son los papeles que Dios determinó para la pareja, para que en la santidad del entendimiento del plan y propósito de Dios se complementaran.

El hombre moderno tiene que entender el plan de Dios, a través de su Palabra, para que así pueda recuperar la identidad de su papel, asimilando lo que significa la hombría según el diseño de Dios.

Ha sido mi intención y el deseo de mi corazón a través de este libro, comunicar contigo desde el punto de vista del corazón de una mujer, los deseos y anhelos que tenemos para con el hombre que Dios nos dio como esposos y líderes en nuestro hogar. Es mi oración que Dios te capacite para ser ese líder, ese hombre de valor e integridad, que pueda mantener sus promesas para con Dios.

Otros libros de
PORTAVOZ

Con el lenguaje característico de esta fenomenal comunicadora social, Amber Nogueras nos presenta de forma clara y sencilla el plan de Dios para la mujer.

ISBN: 0-8254-1540-3 / rústica   **Categoría:** Mujeres

Otros libros de
PORTAVOZ

Un testigo presencial de la vida de Jesús en la tierra. La autora guía a los lectores en una vívida y absorbente misión para descubrir quién es Jesús realmente.

ISBN: 0-8254-1401-6 / rústica   **Categoría:** Vida cristiana

 Otros libros de
PORTAVOZ

¿Yo? ¿Obedecer a mi marido?
La esposa obediente y el camino de Dios para la felicidad y la bendición en el hogar
ELIZABETH RICE HANDFORD

Trata bíblicamente lo que significa ser una esposa obediente y el camino de Dios para la felicidad y la bendición en el hogar.

ISBN: 0-8254-1302-8 / rústica   **Categoría:** Matrimonio / familia

Otros libros de
PORTAVOZ

TU MEDIA NARANJA

Cómo encontrar tu pareja y desarrollar un matrimonio feliz

JAIME FASOLD

Un estupendo libro para jóvenes buscando su pareja y matrimonios que desean continuar desarrollando su amor.

ISBN: 0-8254-1225-0 / rústica   **Categoría:** Matrimonio

Si la lectura de este libro ha bendecido tu vida, te invitamos a que nos escribas porque deseamos escuchar de ti.

Ministerio solo para mujeres
14952 S.W. 143 Ct.
Miami, Florida USA 33186
Teléfono (786) 344-3304
Fax (305) 234-7265
e-mail: cyberamber@juno.com